KB083432

발레
스트레칭

AKIRAMETEITA KARADA NO KATASA GA HOGURERU
JUNAN BALLET STRETCH
by Satoshi Shimada

발레 스트레칭

캉브레에서 아라베스크까지,
발레 동작의 기본기를 탄탄하게 잡아주는
조금 특별한 스트레칭

시마다 사토시 지음
위정훈 옮김
한지영 감수

북피움

통나무처럼 뻣뻣한 몸도 확 바뀌는

유연 발레 스트레칭의 놀라운 힘!

액셀과 브레이크를 동시에 밟으면 차가 나가겠냐옹?
똑같은 원리지.
브레이크
액셀
내가 했던 스트레칭이 틀렸단 말이야?
그럼, 어떻게……
따라 와라 냥.
여긴 어디야?
너한테 딱 맞는 선생님이 있는 곳이지.
선생님!!
안녕하세요!
몸을 유연하게 만드는 방법을 알고 싶은 거죠?
그렇다면
발레 스트레칭을 해보실래요?
센신료지 원장
시마다 사토시
엇…
바,
발레 라구요?
발레 동작은 정말 아름답지만……

전 절대로 못해요!
괜찮습니다!
발레 스트레칭은 발레와 교정을 결합한 스트레칭으로,
누구나 쉽게 할 수 있어요!
발레와 교정?
발레리나들은 근육과 관절을 움직이기 쉬운 '형태'로 바로잡음으로써 아름다운 유연성을 만들어내고 있지요.
이 개념을 교정학적 스트레칭에 적용했어요.
포인트는 '비틀기', '늘리기', '호흡'이라는 3가지 셀프 튜닝!
비틀기
호흡
늘리기
뻣뻣한 몸을 유연하게 만들고 싶은 분들에게 딱이죠!

또한
발레 스트레칭은 셀프 케어 효과도 있습니다.
자세도 좋아지고 건강에도 도움이 되지요!
내전근 스트레칭 뿐만 아니라 다양한 동작도 할 수 있게 된다냥.
대단해!
와아!
나도 이런 동작을 할 수 있게 되었습니다!
Y자 밸런스!!
아!!
이제부터 하나씩 소개할게요. 꼭 따라 해보세요.
좋아!
해 보자
야옹!

머리말

뻣뻣한 몸을 유연하게 유연한 몸을 더욱 강하고 유연하게 그것이 '유연 발레 스트레칭'입니다

안녕하세요, 시마다입니다.

저는 도쿄에서 발레 동작 교정을 전문으로 하는 침술원인 〈센신료지〉 원장을 맡고 있습니다. 지금까지 2만 명 이상의 사람들을 진료해왔습니다. 발레의 몸 사용법에 바탕을 둔 셀프 케어와 발레 동작 향상을 위한 강좌도 정기적으로 열고 있지요.

'몸이 유연해지고 싶어요', '발레 동작을 더 잘하고 싶어요', '통증을 개선하고 싶어요'. 이런 고민을 가진 분들이 저를 많이 찾아오십니다. 그리고 모두들 "저는 몸이 너무 뻣뻣해서요……"라고 미안한 듯이 말씀하십니다. 이 책을 읽고 있는 당신도 몸이 뻣뻣하다고 생각하고 있지는 않은가요?

저는 지금까지 수많은 분들의 몸을 봐왔기 때문에 자신 있게 말씀드릴 수 있습니다.

그 뻣뻣함의 원인은 '몸이 바로잡혀 있지 않기 때문'입니다.

비유하자면, 우산대가 뒤틀려서 잘 펴지지 않는 우산 같은 상태입니다.

관절과 근육이 제 역할을 하지 못하여 몸의 움직임에 제동을 걸고 있는 것입니다.

틀어진 몸이 올바른 위치로 가도록 튜닝해주는 것이 바로 유연 발레 스트레칭입니다.

발레의 기본 동작에는 해부학적으로 볼 때 인간의 몸이 해낼 수 있는 최고의 동작을 할 수 있는 자세가 응축되어 있습니다. 이것을 누구나 따라 할 수 있는 스트레칭으로 재구성했습니다.

이 스트레칭을 하면 몸통을 중심으로 유연하고 균형 잡힌 근육이 생겨 몸이 아름다워집니다. 관절이 바로잡히고 근육의 연동성이 높아지므로 움직이기 편하고 쉽게 지치지 않는 몸으로 바뀝니다.

뻣뻣하게 굳어 있던 몸은 유연해지고, 이미 유연했던 몸은 강하고 더욱 유연해집니다. 등 뒤에서 손을 맞대거나, 상체를 앞으로 완전히 숙이는 등 유연성을 상징하는 자세도 꿈이 아닙니다. 평소에 스트레칭을 하지 않는 사람이라

면 내 몸과 감각을 느낄 수 있는 계기도 될 것입니다.

유연 발레 스트레칭을 통해 나의 몸과 마주하고, 하루하루 몸이 변해가는 즐거움을 느껴보시기 바랍니다. 그리고 이 책이 발레에 관한 여러분의 고민을 해소하고, 이상적인 유연성을 실현하는 데 도움이 되기를 진심으로 바랍니다.

시마다 사토시

단 하루 만에 놀라운 효과! 이렇게 달라졌어요! 해보길 잘했어요!

유연 발레 스트레칭 체험담

발레 스트레칭을 먼저 체험하신 분들의 목소리를 소개합니다.
단 하루 만에 이렇게 유연해졌어요!

M. M.(50대)

왼쪽 허리에 통증이 있고, 다리를 벌리면 좌우 차이가 심했는데, 발레 스트레칭을 해보니 비틀기가 잘 될수록 다리가 더 잘 벌어지는 것을 실감했습니다. 무릎도 원래대로 쭉 펴져서 '매일 스트레칭을 하면 나도 아름다운 몸을 만들 수 있겠다'는 생각이 들어 너무 기뻤습니다.

"스트레칭은 늘리는 것뿐만 아니라 '비틀기'도 중요하다는 것을 알았어요!"

"몸매가 좋아져요. 건강 유지에도 최고예요."

대단해요!

체험자의 목소리 소개

감동이에요!

"고관절에 힘을 줘서 움직이던 습관을 고쳤어요."

"무용수는 물론, 몸이 뻣뻣하다고 포기하고 있는 일반인에게도 너무 좋을 것 같아요."

기무라 후타바(58세)

예전에 요추를 다친 적이 있어서 180도 내전근 스트레칭은 힘들었는데, 고관절이 내 것이라고 생각할 수 없을 정도로 부드럽게 돌아가서 깜짝 놀랐습니다. 발레를 배우기 때문에 평소에도 스트레칭을 많이 하고 있지만, 선생님이 직접 가르쳐주신 스트레칭은 효과가 다르더군요.

BEFORE

AFTER

고게쓰 리리코(가명)

몸의 축이 안정되어 마법처럼 뒤 캉브레를 할 수 있게 되었어요. 스트레칭은 날마다 해야 효과가 있을 거라고 생각했는데, 단 하루 만에 몸의 여러 부분이 철컥철컥, 하고 바로잡힌 느낌이 들어요. 매일매일 계속하고 싶어요.

M. M.(52살)

견갑골을 모아서 등 뒤에서 손을 맞댈 수 있어요! 상완과 손목을 안쪽으로 회전할 수 있게 되어 원피스를 입었을 때 뒤쪽 지퍼도 쉽게 올릴 수 있게 되었어요. 저는 너무 뻣뻣해서 '강철 몸'이라고 포기하고 있었는데, 자세도 너무 편해져서 기분이 좋아요.

유연 발레 스트레칭은 여기를 단련해요!

셀프 튜닝에서 알아두면 좋은

근육과 골격 MAP

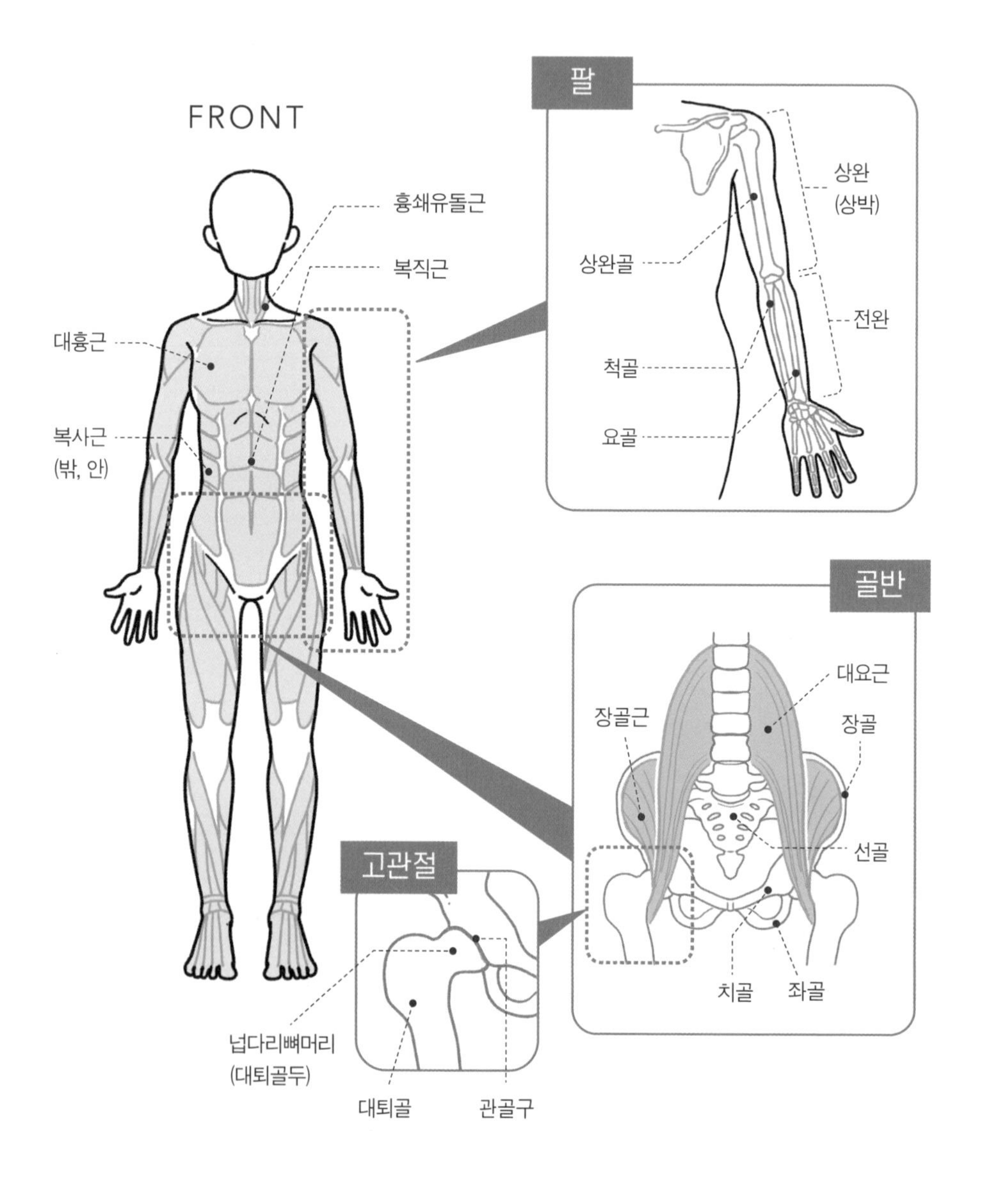

뻣뻣한 몸을 풀어서 유연한 몸으로 바꾸려면, 몸을 뻣뻣하게 만드는
원인 부위를 부드럽게 움직일 수 있도록 바로잡는 것이 포인트!
발레 스트레칭으로 이런 부위를 튜닝해주면
자연스럽게 몸의 변화를 느낄 수 있습니다.

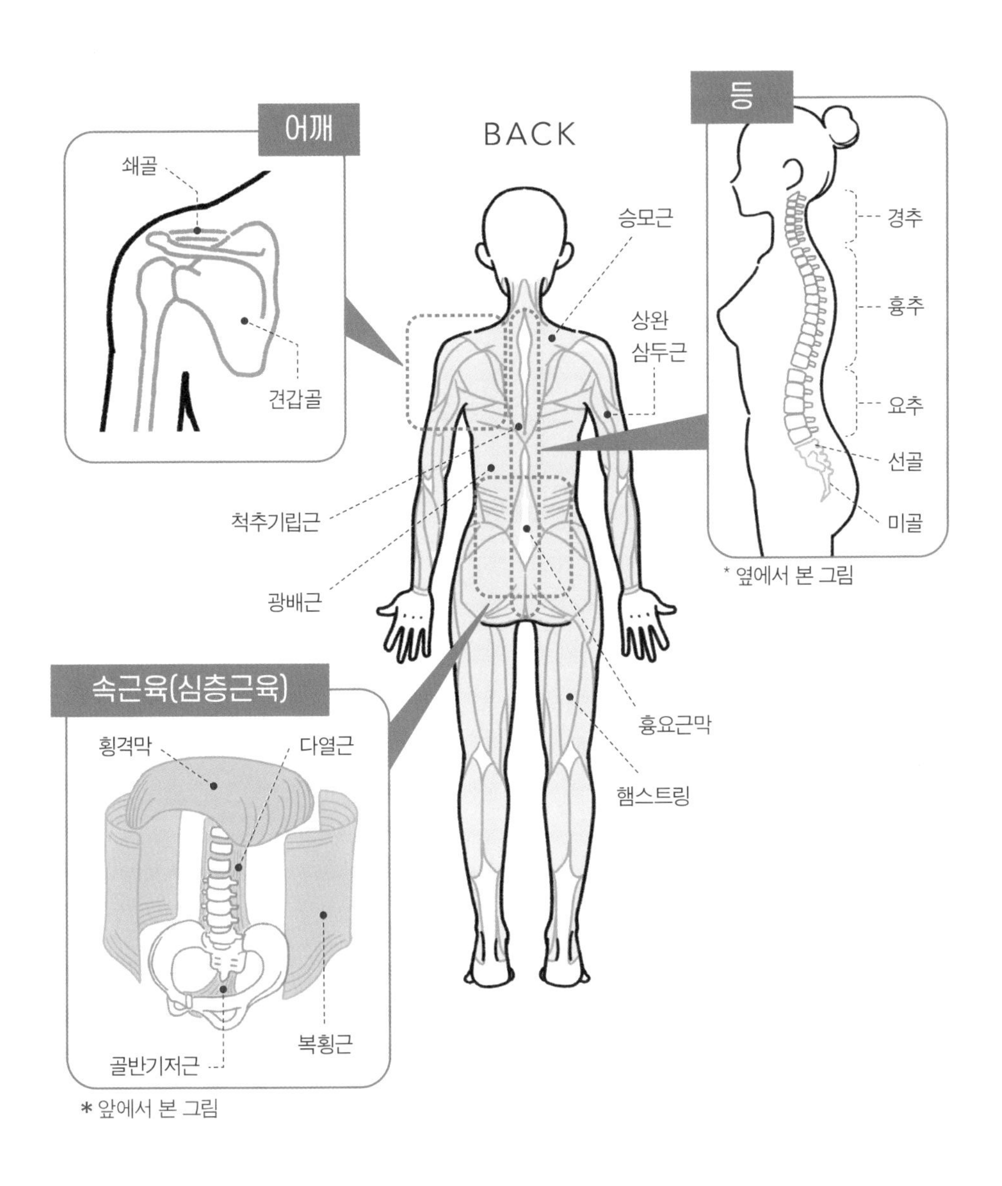

차례

CHAPTER 2 유연 발레 스트레칭을 하면 몸이 이렇게 달라진다!

CHAPTER 3 유연 발레 스트레칭으로 내가 꿈꾸던 발레 동작에 도전!

일상의 불편함부터 발레 동작 고민까지! **발레 스트레칭 처방전**

책에 실린 내용은 다음과 같습니다

책 사용설명서

CHAPTER 1 (21~35쪽)

먼저 발레 스트레칭의 기본을 알려줍니다. '비틀기', '늘리기', '호흡'이라는 3가지 중요한 포인트를 알고 간단한 자세를 따라하면서 발레 스트레칭의 효과를 느껴보세요.

CHAPTER 2 (37~45쪽)

발레 스트레칭을 꾸준히 하면 유연성이 좋아지는 것은 물론이고, 근육과 뼈의 불균형이 해소되어 자세가 아름다워집니다! 이 챕터를 읽다 보면 점점 의욕이 생기게 됩니다.

CHAPTER 3 (47~113쪽)

'내전근 스트레칭'이나 '등 뒤에서 두 손 맞대기' 같은 유연한 자세는 그 자세만 계속 스트레칭한다고 해서 할 수 있는 것은 아닙니다. 그 자세를 가장 빨리 할 수 있는 방법을 소개했으니 꼭 도전해보세요.

발레 스트레칭의 특징과 효과 설명

주의사항

만성 통증이 있거나 다친 사람, 질병이 있는 사람, 임산부 등은 의사와 상담 후 무리하지 않는 범위 내에서만 하기 바랍니다. 만약 몸에 심한 통증을 느끼거나 무감각해지면 즉시 중단해야 합니다. 발레 스트레칭은 신체에 갑자기 강한 자극을 주면 제대로 된 효과를 얻을 수 없습니다. 호흡을 멈추지 말고 안전하게 진행해야 합니다.

CHAPTER 1

지금 당장 시작하는 유연 발레 스트레칭

곧바로 효과를 느낄 수 있는 부위를 먼저 시작합니다.

발레×교정으로 탄생한

셀프 튜닝의 기본을 소개합니다.

셀프 튜닝 ①

비틀기

몸을 바짝 비틀어주면 축의 안정감이 높아진다

발레에는 '앙 드오르en dehors'라는 동작이 있습니다. 몸을 비틀어서 관절의 가동성과 신체의 강도를 높이는 역할을 하는 동작이지요. 몸을 비트는 힘은 다시 말하면 자세를 유지하는 형상기억 같은 것입니다. 이 힘이 강할수록 한 가지 자세를 오랫동안 유지할 수 있습니다. 예를 들어 한쪽 다리로 서서 다른 쪽 다리를 드는 데블로페développé 동작 같은 경우, 비트는 힘이 약한 쪽으로 몸이 무너집니다. 좌우가 고르게 비틀어져야만 안정적인 자세를 유지할 수 있습니다.

어깨와 등, 고관절의 유연성은 상완과 몸통의 '비트는 힘'과 깊은 관련이 있습니다. 몸을 바짝 비틀수록 몸의 가동성이 높아져서 아름다운 자세를 유지할 수 있게 됩니다.

2가지 비틀기로 자세를 유지

발레 동작이라면

턴 아웃 (앙 드오르)

두 발의 발가락이 바깥쪽을 향하게 하는 턴 아웃turn out은 관절을 안정된 형태로 바로잡아주는 역할을 합니다. 이 동작을 손으로 하는 이미지입니다.

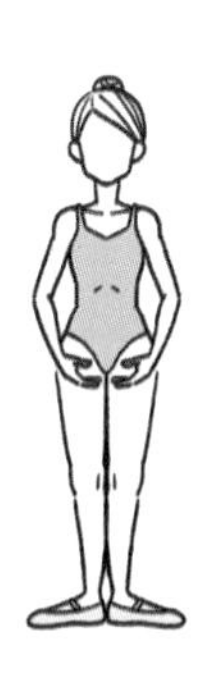

팔을 비튼다

손을 감아올리면서 뒤집으면
상완이 비틀리면서 옆구리가 꽉 조여져
자세를 유지하기 쉬워진다.

몸을 비튼다

척추를 비틀어서 자세 유지에 필요한 근육의
불균형을 바로잡는다.

늘리기

비틀었다가 늘리면 늘어나는 범위가 넓어진다

발레에는 팔다리를 앞뒤로 쭉 늘리거나 옆으로 길게 펼치거나 몸을 앞으로 숙이는 등 다양한 동작이 있는데, 이런 동작을 할 때 "늘린다"는 의식을 가지면 균형을 잡기 쉬워집니다. 늘리는 힘=몸을 움직일 수 있는 범위이므로, 늘리는 힘이 강할수록 몸의 가동성도 높아지는 것입니다.

예를 들어 손목을 엇갈리게 비틀어서 깍지를 끼고 팔을 감아올려 밖으로 뒤집어 쭉 뻗는 동작은 어깨와 등이 함께 움직여서 스트레칭 효과가 훨씬 올라갑니다. 등 근육이 자극되면 몸을 똑바로 늘려서 지탱하는 힘이 생기기 때문에 좋은 자세를 유지하게 됩니다. 몸을 움직일 수 있는 범위가 넓어지면 부상과 통증도 예방할 수 있습니다.

비틀기×
늘리기로
한꺼번에
풀어주기

발레 동작이라면

플리에

플리에plié는 두 발의 발가락을 바깥으로 향한 상태에서 무릎을 굽혀서 늘림으로써 자세를 바로잡는 동작입니다. 이 동작을 손으로 하는 이미지입니다.

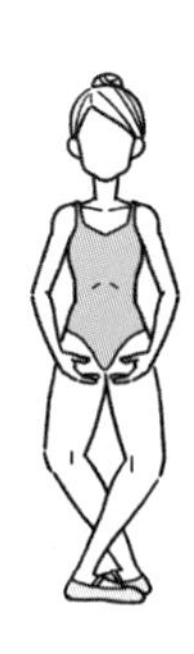

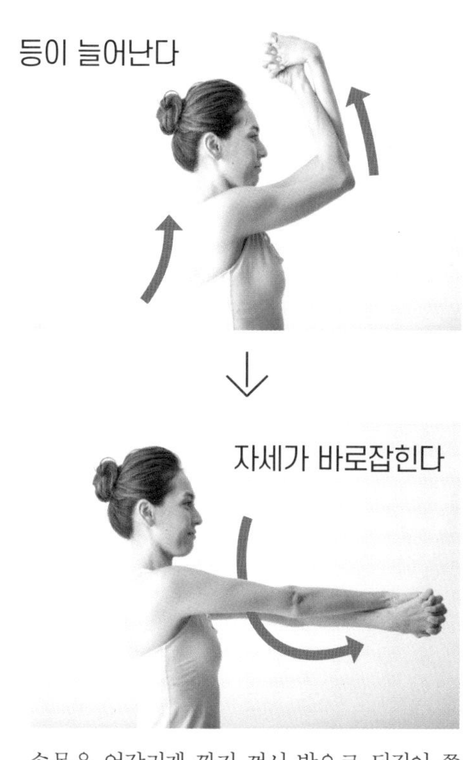

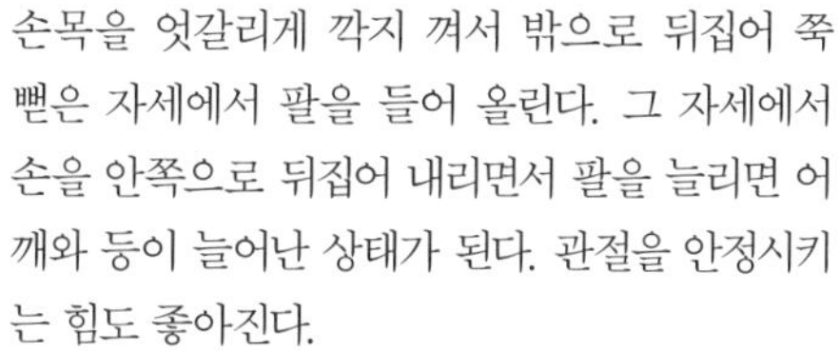

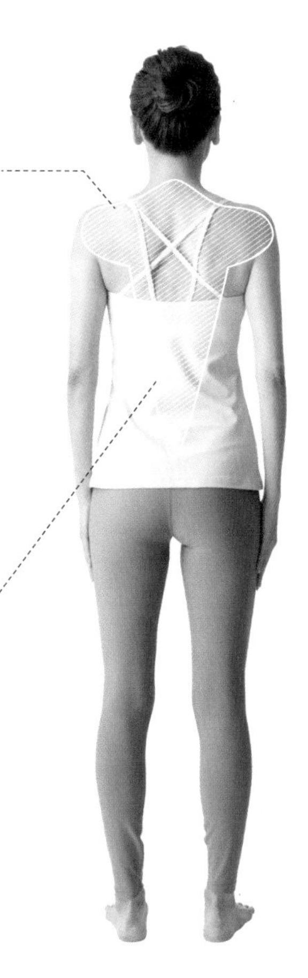

손목을 엇갈리게 깍지 껴서 밖으로 뒤집어 쭉 뻗은 자세에서 팔을 들어 올린다. 그 자세에서 손을 안쪽으로 뒤집어 내리면서 팔을 늘리면 어깨와 등이 늘어난 상태가 된다. 관절을 안정시키는 힘도 좋아진다.

이만큼만 해보아요!

발레 스트레칭의 기본 중의 기본

스파이럴

먼저 발레 스트레칭의 기본 동작을 익혀봅니다.
'비틀기'와 '늘리기'를 합친 동작으로 관절이 안정되는 감각을 기억합니다.

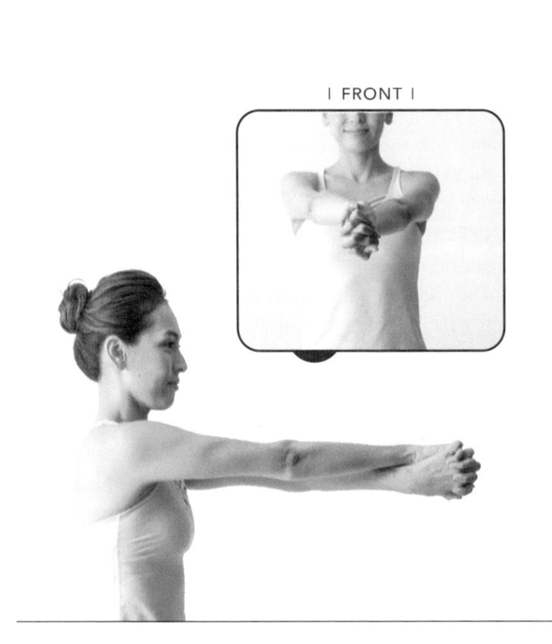

STEP **1**

손목을 교차시킨 상태에서
두 손을 깍지 낀다.
(오른팔이 위로 오도록 한다)

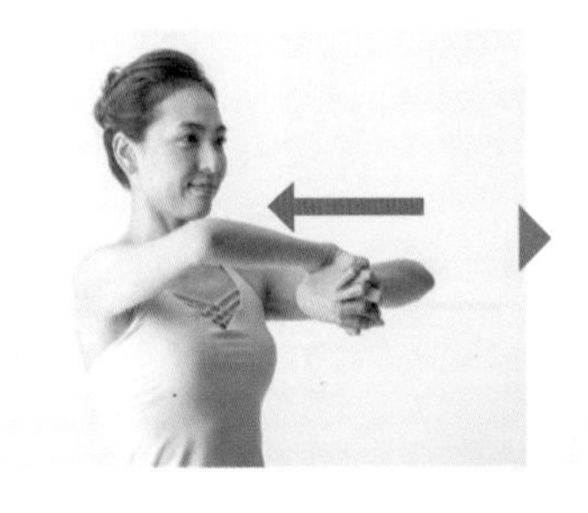

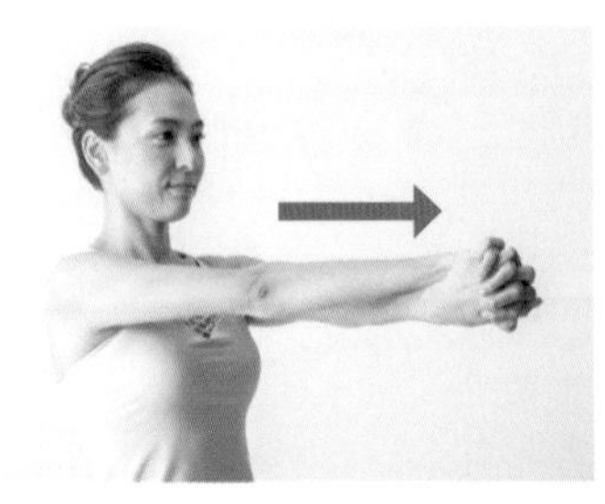

팔의 움직임이
발레의 플리에 동작!

두 손을 깍지 꼈을 때 손목이 걸리는 느낌이 든다면 STEP 1의 자세에서 팔을 여러 번 굽혔다 펴서 손목을 부드럽게 풀어줍니다.

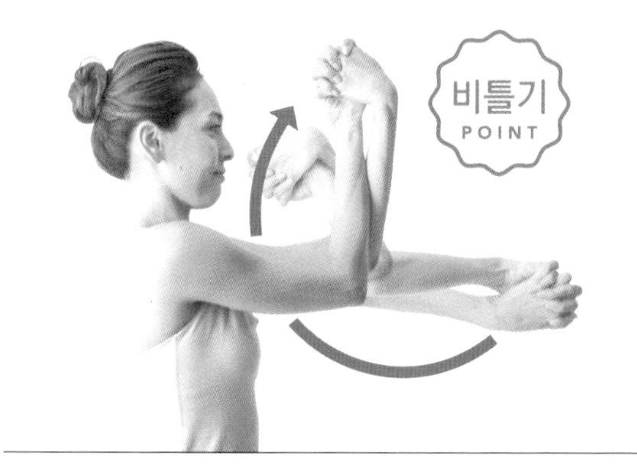

STEP 2

두 손을 깍지 낀 상태에서
팔을 굽히면서 손을
아래에서 위로 들어 올리면서
밖으로 뒤집는다.

| FRONT |

STEP 3

팔을 굽혀서
위로 쭉 들어 올린다.
(등을 젖힌다)

STEP 4

팔을 들어 올린 상태에서
손을 위에서 아래쪽으로
통과시켜서 팔을 앞으로
쭉 늘린다.
(STEP 2의 역회전 동작)

❖ 이것이 가능해지면 왼팔이 위로
오도록 손을 바꿔서 해본다.

어깨와 등이 늘어나서 굳어 있던 관절이 많이 풀렸습니다.
이 자세를 유지한 채 28쪽으로 넘어갑니다.

Lesson <비틀기×늘리기>

스파이럴 앞으로 숙이기 [레벨 1]

스파이럴을 이용한 기본 스트레칭. 팔의 비틀기를 이용해 등과 허리를 바로잡습니다. 책상과의 거리가 멀어질수록 효과가 높아집니다.

목표

STEP **1→5**
10초 유지
× **3**세트
(손을 바꿔서 반대쪽도 똑같이 해준다.)

이럴 때도 좋아요! ▶ 목과 어깨 결림 / 뻣뻣한 등과 허리 / 뻣뻣한 고관절

27쪽에서 이어짐

두 손을 책상에 문지르므로 책상 위에 부드러운 수건 등을 깔아준다.

STEP **1**

등을 곧게 펴고 의자에 앉아 스파이럴(→ 26쪽)을 한 다음, 두 손을 책상 위에 올려놓는다.

STEP **2**

엄지손가락을 책상에 붙인 채 팔을 가볍게 굽혀 가슴 쪽으로 끌어당긴다.

STEP **3**

엄지손가락을 문지르면서
팔을 펴면서 늘린다. ❶
다 늘렸다면 손가락을 책상에
문지르면서 허리를 이용하여
앞으로 밀어준다. ❷

STEP **4**

무리 없이 밀 수 있을
때까지 밀었다면
STEP **2**와 같은 방법으로
팔을 가슴 쪽으로
끌어당긴다.

STEP **5**

STEP**3**→**4**를 반복하면서
등을 조금씩 늘려가고,
최대한 늘린 상태에서
10초 동안 유지한다.

Lesson <비틀기×늘리기>

스파이럴 트위스트 [레벨 1]

스파이럴과 합쳐서 하는 또 하나의 기본 스트레칭.
몸을 좌우로 비트는 동작을 통해 척추를 바로잡아 축을 안정시킵니다.

목표

STEP 1→2
20초 유지
× **3**세트
(손을 바꿔서 반대쪽도 똑같이 해준다.)

이럴 때도 좋아요! ▶ 틀어진 자세 / 가슴과 허리의 뻣뻣함

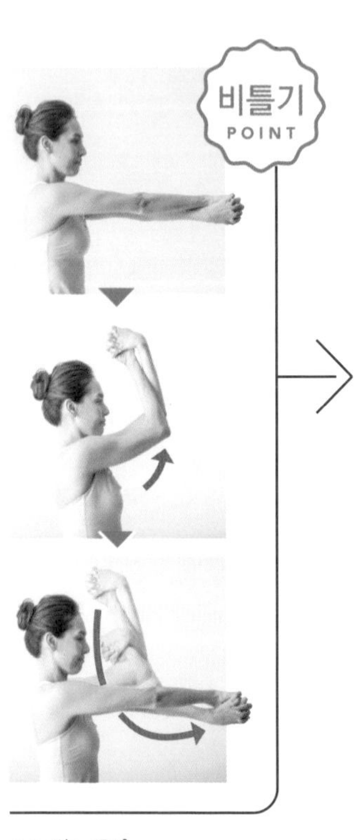

스파이럴(26쪽)을 끝낸 자세에서 시작해요

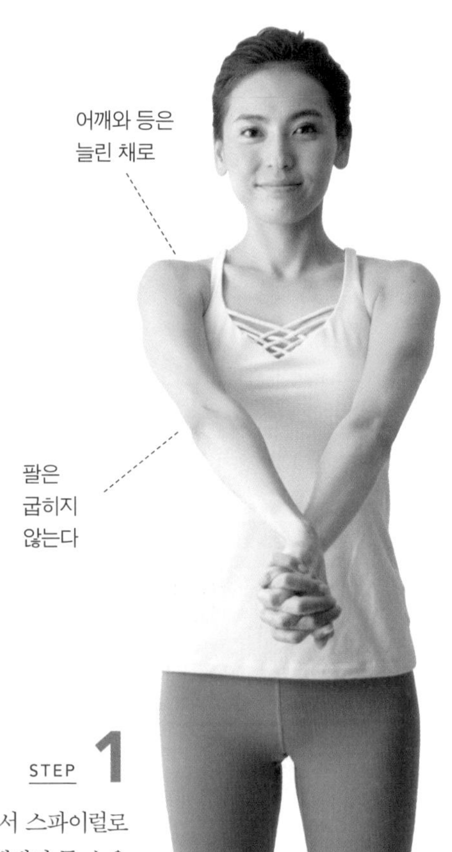

STEP **1**

똑바로 서서 스파이럴로 어깨와 등을 늘린 상태에서 두 손을 배꼽 근처까지 내린다.

(POINT)

비트는 방향에 대해서

스파이럴 포지션에서 깍지 낀 두 손의 어느 쪽을 위로 올리느냐에 따라 몸을 비트는 방향을 바꾸는 것이 이 스트레칭의 포인트. 오른손이 위로 올라가면 오른쪽으로(사진), 왼손이 위로 올라가면 왼쪽으로 비틀어주면 옆구리 자극을 높일 수 있습니다.

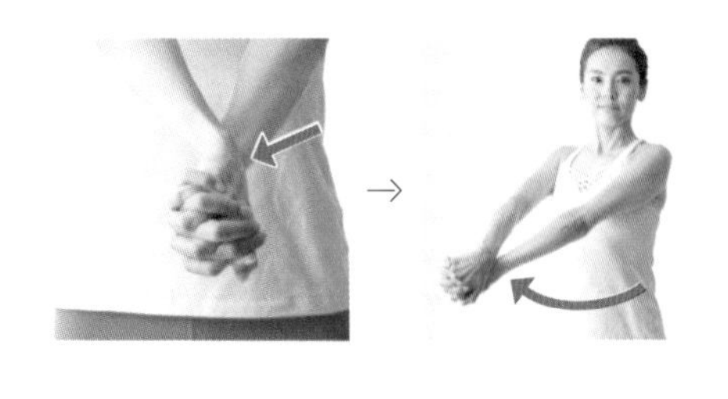

VARIATION

비틀기 높이가 달라지면 효과도 달라진다

팔의 높이를 바꿔서 비틀어주면 척추의 스트레칭 포인트가 달라집니다. 약한 부위를 중점적으로 공략하면 축을 강화하는 데에도 도움이 됩니다.

STEP 2

팔을 옆으로 움직여서
허리 위쪽을 비틀어준다.

셀프 튜닝 ③

호흡

심호흡을 하면
동작이 부드럽고 아름다워진다

심호흡은 스트레칭의 깊이와 가동 영역을 결정하는 중요한 요소입니다. 호흡이 얕으면 몸의 축을 구성하는 근육이 경직됩니다. 힘든 자세에서도 심호흡을 할 수 있게 되면 몸의 유연성이 아주 좋아집니다.

호흡을 담당하는 주요 근육 중 하나가 늑골 아래에 있는 횡격막입니다. 심호흡으로 흉곽(가슴우리)이 넓어져서 늑간근(갈비사이근)과 횡격막이 자극되면 몸의 안정감이 몸속에서부터 커집니다. 또한 호흡에 의해 골반기저근(횡격막, 다열근, 복횡근과 함께 몸통을 구성하는 4개의 근육 중 하나. – 옮긴이) 등 횡격막 이외의 심층에 있는 근육도 작동하게 되면 몸통과 팔다리를 연결하는 세세한 근육도 사용할 수 있게 되어 전신의 유연성도 좋아집니다. 그래서 아름답고 매끄럽게 움직일 수 있게 되는 것입니다.

횡격막과 흉곽이 호흡하는 힘을 높여준다

발레 동작이라면

아라베스크arabesque 같은 고난도 동작에서는 몸의 축을 지탱하는 호흡의 힘이 필수적입니다. 힘든 자세에서도 심호흡을 할 수 있는 횡격막을 만들면 안정감과 유연성이 크게 좋아집니다.

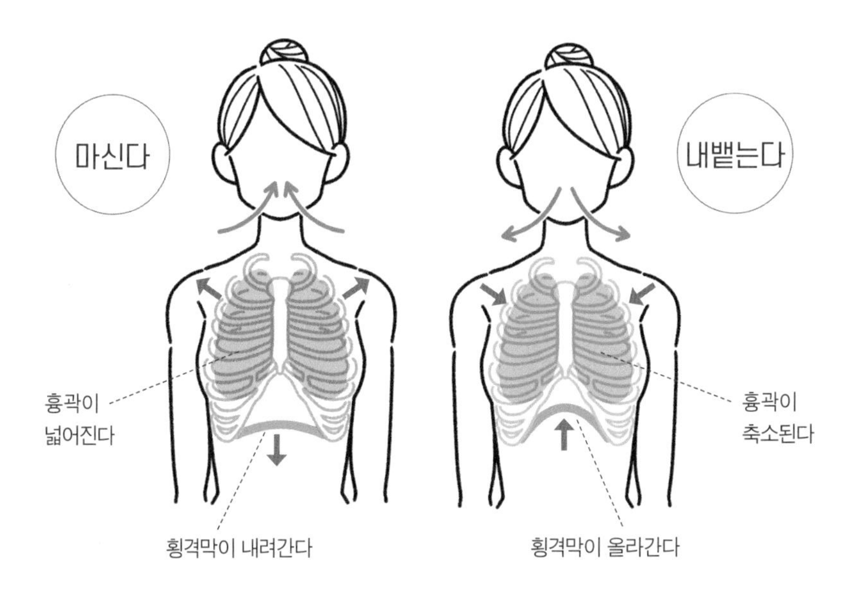

폐 속의 공기를 내보내고 받아들이는 횡격막의 작용으로 흉곽이 주변 근육을 스트레칭합니다. 이 운동을 제대로 할 수 있게 되면 몸 안쪽부터 유연성이 높아집니다.

☑ 비틀기×늘리기×호흡으로 효과를 높인다

스파이럴 앞으로 숙이기 [레벨 1](→ 28쪽)을 할 때 등이 잘 늘어나지 않는다면 호흡을 하면서 늘려봅니다.

Lesson <호흡>

횡격막 스트레칭

발레 스트레칭의 기본이 되는 호흡 테크닉.
심호흡을 통해 횡격막을 바로잡아 몸을 안쪽부터 유연하게
만들어줍니다.

목표

STEP 1→2
천천히
반복
× 3세트

이럴 때도 좋아요! ▶ 틀어진 자세 / 호흡의 힘 높이기 / 허리 통증 예방

집게손가락과 가운뎃손가락으로
명치 부근의 늑골을 잡는다.
(어렵다면 손가락을 걸치는 느낌
으로 잡아도 된다.)

늑골이
조여지는 것을
느끼면서

STEP 1

똑바로 서서 늑골을 잡은 채로
'후-' 하고 숨을 내쉰다. ❶
숨을 다 내뱉었다고 생각한 곳에서
'후-, 후-, 후-, 후-' 하고
끝까지 더 내뱉는다. ❷
마지막에 다시 한 번 '후우-' 하고
숨을 내뱉는다. ❸

(POINT)

호흡으로 속근육 바로잡기

배가 옆으로 퍼지지 않도록 호흡함으로써 횡격막의 운동 부하를 늘려 힘든 자세에서도 심호흡을 할 수 있는 몸을 만드는 것이 이 스트레칭의 목적입니다. 숨은 끝까지 내쉬고, 들이마실 때는 늑골이 넓어지지 않도록 눌러서 속근육을 자극합니다.

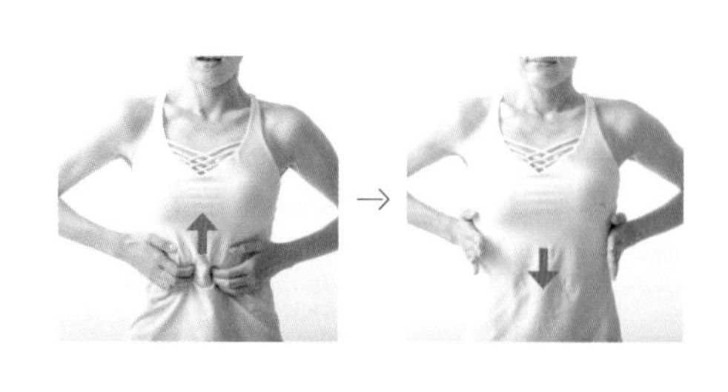

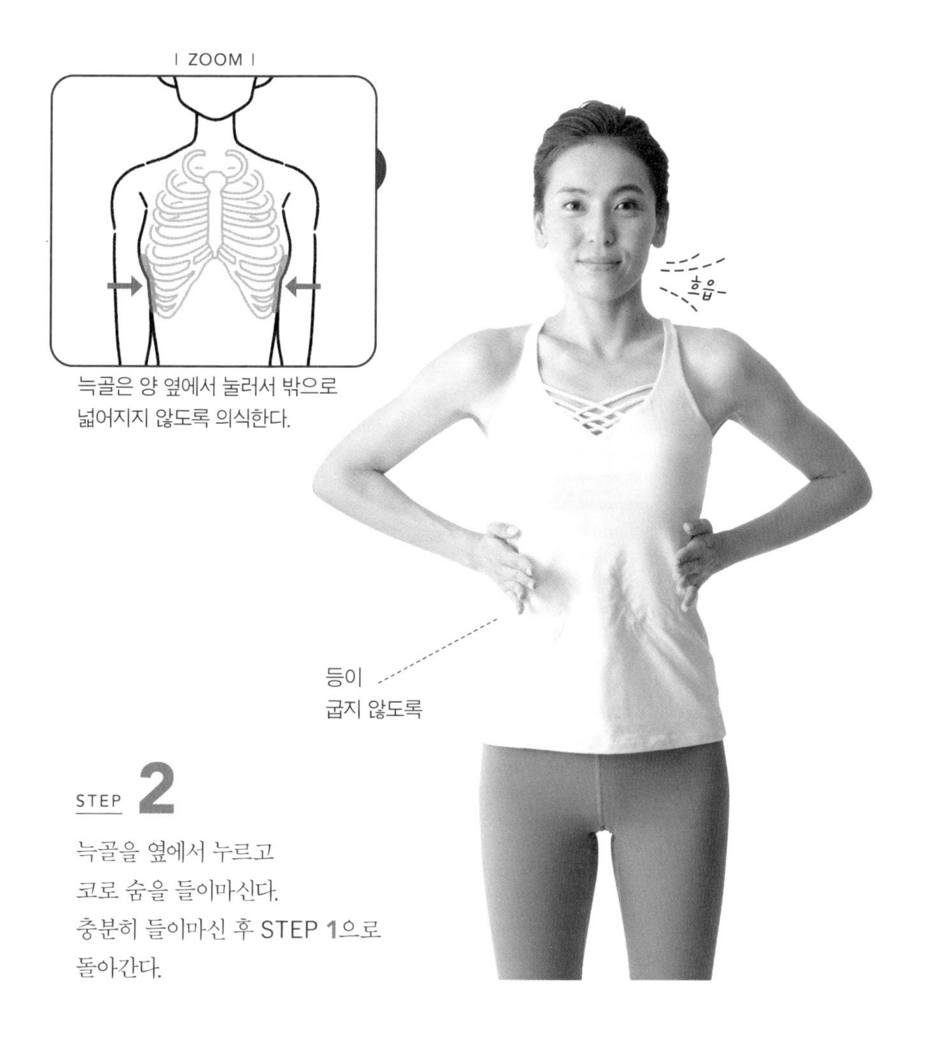

STEP 2

늑골을 옆에서 누르고
코로 숨을 들이마신다.
충분히 들이마신 후 STEP 1으로
돌아간다.

칼럼

스트레칭을 잘하는 비결

반대쪽도 반드시 해준다, 순서를 빠뜨리지 않는다

이 책에서 소개하는 발레 스트레칭은 모든 동작에 '비틀기'가 들어 있습니다. 이는 몸을 비틀어서 근육을 늘리고, 관절을 교정하여 축을 안정시키는 것이 목적입니다. 따라서 좌우 균등하게 하는 것이 중요합니다. 이것은 걸레를 짜는 것을 상상하면 쉽게 이해할 수 있는데, 걸레를 오른쪽으로만 짜면 짜는 쪽에만 주름이 생기게 되지요. 몸으로 치면 한쪽만 사용한 상태이기 때문에 좌우 차이를 발생시키는 원인이 되는 것입니다. 오른쪽으로 비틀었다면 다음에는 왼쪽으로 비틀어주는 식으로 좌우 균등하게 해야 합니다. 몸의 좌우 차이를 해소하는 것이 목적이라면 해소하고 싶은 쪽을 우선적으로 비틀어도 됩니다. 단, 순서는 빼먹지 않는 것이 좋습니다.

또한, 효과가 없다고 해서 통증이 생길 때까지 하면 안 됩니다. '쭉쭉 늘리면 효과가 있는 것 같아요'라고 말하는 사람이 있는데, 스트레칭에서 그런 느낌은 필요 없습니다. 그보다는 '내가 하고 싶은 발레 동작'의 비포/애프터를 체크하고, 변화가 있으면 그대로 계속하고 변화를 느끼지 못한다면 제대로 하고 있는지 자세를 점검해보기 바랍니다. 통증을 기준으로 하지 말고 '효과'를 기준으로 스트레칭을 해봅니다.

양쪽을 모두 해준다

처음에 오른손을 위로 해서 비틀었다면 다음에는 왼손을 위로 하여 비틀어줍니다. 좌우 모두 올바른 자세로 해봅니다.

CHAPTER 2

유연 발레 스트레칭을 하면 몸이 이렇게 달라진다!

유연한 몸으로 바뀌고, 아름다워집니다.
일단 유연해진 다음, 그 유연성을 계속 유지할 수 있는 4가지 이유를 설명합니다.

1

골반이 바로잡힌다

척추와 고관절의 유연성에도 영향을 미친다

골반은 상체와 하체를 연결하는 중요한 부위입니다. 척추의 가장 아래에 있는 선골, 미골, 장골 등 여러 개의 뼈가 결합되어 있습니다. 골반 위에는 척추가 뻗어 있고, 아래에는 고관절을 통해 넙다리뼈(대퇴골)가 연결되어 있어 상체의 무게와 하체의 충격을 지탱하고 있습니다.

유연 발레 스트레칭을 통해 상체를 비트는 힘이 강해지고, 끝까지 늘릴 수 있게 되면 고관절을 쉽게 움직일 수 있게 됩니다. 그러면 골반도 좋은 자세를 유지할 수 있게 됩니다. 또한 심호흡을 하여 몸 안쪽의 근육을 사용할 수 있게 되면 골반을 똑바로 세워서 유지할 수 있는 상태가 되지요. 골반이 바로잡혀야 상체와 하체를 제대로 사용할 수 있게 됩니다.

| KEYWORD | **골반**

장골, 치골, 좌골, 미골, 선골로 구성된 부위. 골반의 위치가 틀어지면 허벅지 뒤쪽 근육이 경직되어 전신의 유연성에 큰 영향을 미친다. 또한 선골과 장골을 연결하는 선장관절은 고관절의 유연성과 관련이 있는데, 이 관절이 불안정하면 고관절이 열리거나 닫히는 정도에 좌우 차이가 나기 쉽다.

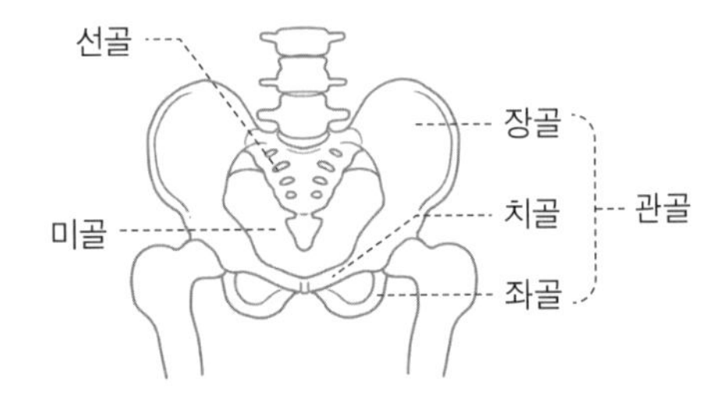

골반이 뒤로 기울어져 있으면 몸은 앞으로 숙여지지 않는다

다리를 벌린 자세에서 몸이 앞으로 잘 숙여지지 않는 것은 등의 뒤틀림과 연동된 골반이 뒤로 기울어져 있기 때문이다. 골반이 뒤로 기울어진 상태라면 상체를 앞으로 숙일 때 브레이크가 걸리고, 고관절도 잘 돌아가지 않는다.

골반과 등을 바로잡으면 브레이크가 풀려 몸을 앞으로 늘리기 쉬워진다. 고관절도 움직이기 쉬워져서 앞으로 숙이기를 더 잘할 수 있게 된다.

2

관절을 쉽게 움직일 수 있게 된다

관절이 바로잡히면 일상의 컨디션도 좋아진다

발레는 바른 자세를 유지하면서 하는 운동으로, 관절과 근육이 원래 있어야 할 곳에 바로잡혀 있어야 합니다. 발레리나들의 아름다운 자세와 보기 드문 가동 범위는 관절을 올바른 위치에서 계속 사용한 최고의 모습입니다. 그래서 이 책의 유연 발레 스트레칭은 팔, 어깨, 고관절을 움직여 척추를 바로잡는 데 초점을 맞추고 있습니다. 각각의 관절을 비틀거나 펴는 식으로 자극을 주어 거기에 연동하는 등의 유연성을 높입니다. 또한 틀어지거나 어긋난 뼈를 바로잡아 신체 기능 자체도 개선할 수 있습니다. 관절을 움직여서 혈액순환이 좋아지면 몸에 쌓여 있던 노폐물 등도 빠져나갑니다. 그러므로 어깨 결림, 허리 통증, 부기 같은 소소한 트러블을 완화하는 데도 도움이 됩니다.

I KEYWORD I **척추(척주)**

척추는 경추 7개, 흉추 12개, 요추 5개, 선골, 미골로 구성되며 추간판으로 연결되어 있다. 흉추는 후만, 경추와 요추는 전만이라는 자연스러운 S자형 곡선을 그리는데, 이 곡선을 벗어나면 일자목, 고양이등, 뒤로 젖혀진 허리 등 자세에 문제가 생긴다.

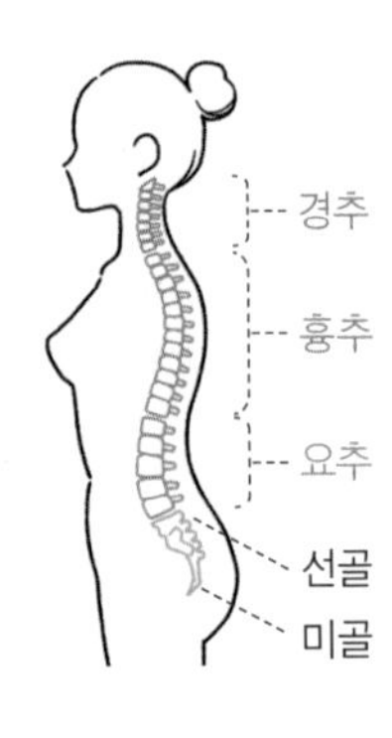

세 군데를 바로잡아 등의 유연성을 높인다

관절을 올바른 위치에서 사용하기 위해서는 척추를 바로잡는 것이 중요합니다. 3가지 부위를 중심으로 그것들과 연동하는 다른 근육과 관절의 불균형을 바로잡습니다.

(발레 스트레칭의 특징)

Focus

- ☑ 기본은 발레 동작
- ☑ 셀프 체형 교정으로 틀어짐을 바로잡는다
- ☑ 스트레칭으로 유연성을 높인다
- ☑ 혈액순환 개선으로 몸의 부기 해소

'유연 발레 스트레칭'은 발레 동작을 자세 교정에 도입하여 탄생했습니다. 스트레칭이나 유연 체조처럼 몸을 풀어주고 가동성을 높여주는 것은 물론, 우울증도 사라지는 등 셀프 케어 효과도 기대할 수 있습니다.

3

무리하지 않아도 유연해진다

호흡+스트레칭으로 시원하게 늘어난다

스트레칭이라고 하면 '아프다', '힘들다', '숨이 막힌다'는 느낌이 들 때까지 해야 한다고 생각하는 사람들이 있는데, 이것은 아주 잘못된 생각입니다. 왜냐하면 근육을 갑자기 늘리려고 하면 근육이 늘어나고 줄어드는 정보를 뇌에 전달하는 '근방추'라는 근육을 보호하는 센서가 반응하여 오히려 근육이 수축해버리기 때문입니다.

유연 발레 스트레칭은 이와 같은 브레이크가 걸리지 않도록 하는 운동을 중점적으로 설계했습니다. 숨을 내쉬면서 힘을 빼고 천천히, 시간을 두고 스트레칭을 하면 근육이 서서히 풀리기 시작합니다. 이를 통해 효율적으로 근육을 스트레칭할 수 있게 됩니다.

시간이 날 때마다 꾸준히 계속하기만 한다면 아무리 몸이 뻣뻣한 사람이라도 조금씩 근육의 유연성을 높일 수 있게 됩니다.

| KEYWORD | **신장반사stretch reflex**

근육이 갑자기 늘어날 때 생기는 손상을 막기 위한 척수반사 중 하나로, 늘리려고 하는 근육이 수축하는 현상. 늘리려는 힘을 근육 안에 있는 근방추가 감지해 반사적으로 일어나는 현상이다. 예를 들어, 갑자기 등 뒤에서 두 손바닥을 맞대려고 하면 근방추가 반응하여 근육에게 '수축하라'고 명령하기 때문에 원래 움직이게 하고 싶었던 근육이 움직이지 않게 된다. 반동을 이용해서 스트레칭을 하면 이 반사가 일어나기 쉬워 결과적으로 몸이 경직되어버린다.

근육을 갑자기 늘리면 오히려 수축해버린다

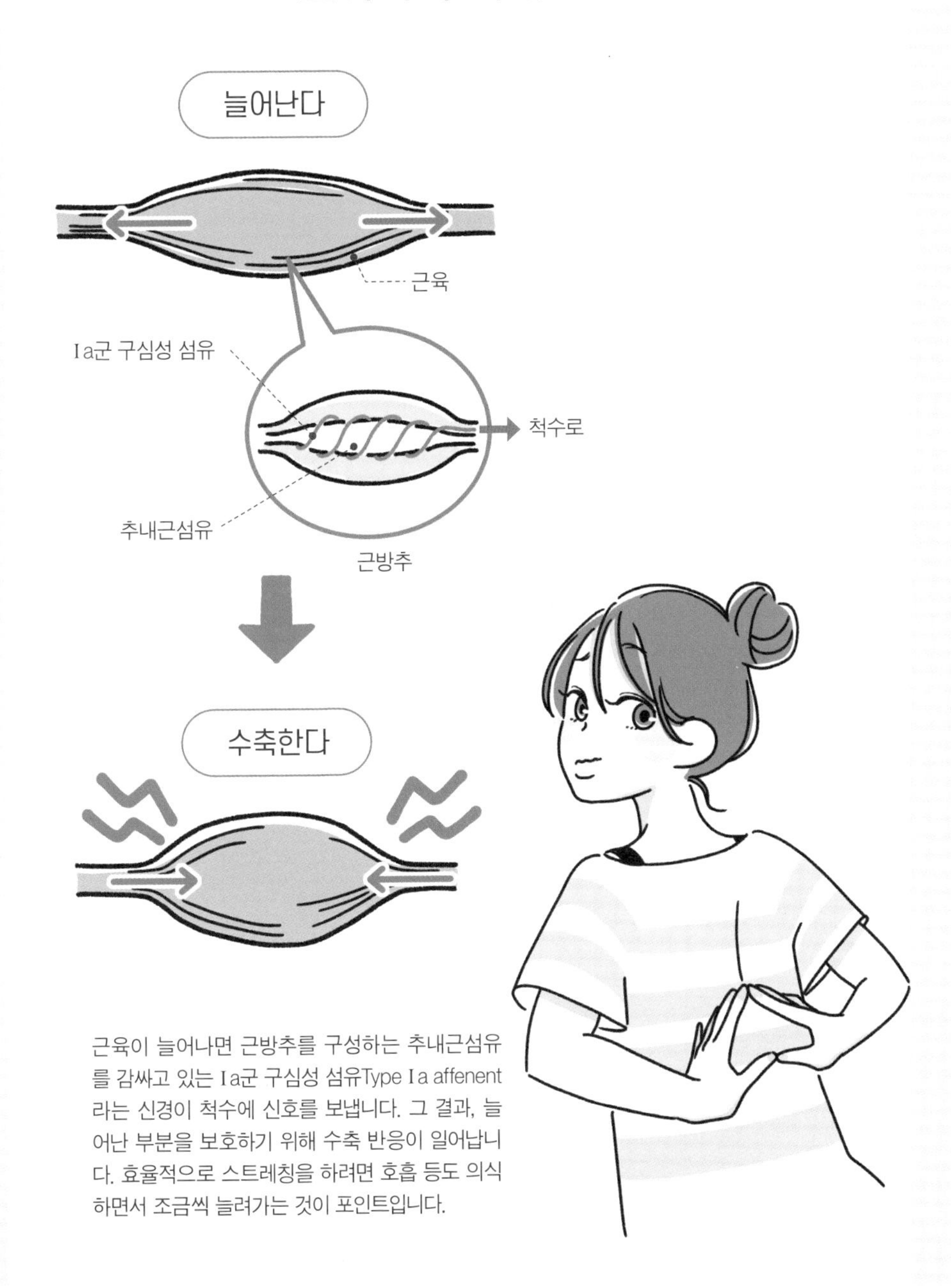

근육이 늘어나면 근방추를 구성하는 추내근섬유를 감싸고 있는 Ⅰa군 구심성 섬유Type Ⅰa affenent라는 신경이 척수에 신호를 보냅니다. 그 결과, 늘어난 부분을 보호하기 위해 수축 반응이 일어납니다. 효율적으로 스트레칭을 하려면 호흡 등도 의식하면서 조금씩 늘려가는 것이 포인트입니다.

4

자세가 아름다워진다

근력이 좋아져서 중력에 지지 않는 몸이 된다

발레리나들의 공통점은 아름다운 자세입니다. 이는 몸통의 힘과 밀접한 관련이 있습니다. 몸통 근육에는 속근육과 겉근육이 있는데, 유연 발레 스트레칭은 두 가지 근육을 균형 있게 바로잡을 수 있도록 도와줍니다.

지구에는 중력이 있기 때문에 우리의 몸은 항상 아래쪽으로 누르는 힘을 받고 있습니다. 따라서 끌어올리려는 의식을 하지 않으면 중력의 영향으로 몸은 서서히 가라앉고 근육도 처지게 됩니다. 복근, 배근(등근육) 등 중력에 지지 않도록 몸을 지탱하는 역할을 하는 근육을 사용할 수 있게 되면 '끌어올린다'는 의식을 가지고 몸을 움직일 수 있게 됩니다. 그러면 바른 자세를 유지할 수 있게 되는 것입니다.

| KEYWORD | **몸통**

몸통은 머리와 팔다리를 제외한 동체를 말한다. 몸통에는 이른바 식스팩처럼 눈에 보이는 근육(겉근육)과 깊숙한 곳에 있어 만질 수 없는 속근육이 있다. 일반적인 트레이닝은 겉근육을 단련하는 것이 많은데, 신체의 힘과 안정감을 만드는 데는 속근육을 단련하는 것이 대단히 중요하다. 심호흡을 하고, 몸을 끌어올리는 것을 의식하는 발레 스트레칭은 속근육을 단련하는 데도 도움이 된다.

발레 스트레칭은
'몸통'도 바로잡아준다

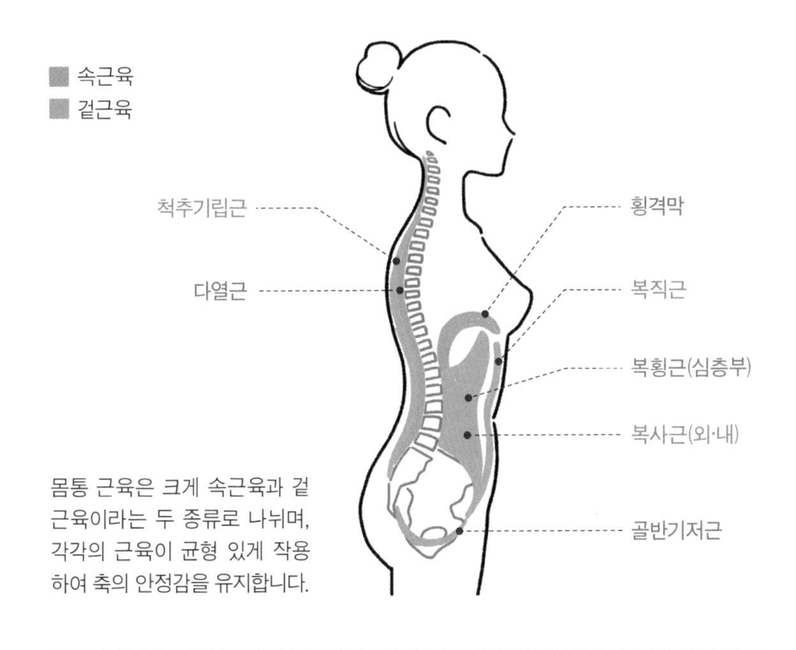

(아름다운 동작은 '매끈함'이 포인트!)

발레의 아름다운 동작 가운데 하나인 '캉브레'를 하려면 등의 유연성과 몸통의 힘이 모두 필요합니다. 여기서 요구되는 유연성은 '고무줄처럼 늘어나는 유연성'이 아니라 근육 하나하나를 세밀하게 컨트롤하는 '매끈함'이라고 할 수 있습니다. 발레 스트레칭은 이 유연성과 몸통을 한꺼번에 다루기 때문에 훨씬 정밀하게 아름다운 자세를 만들 수 있습니다.

칼럼

스트레칭을 계속하는 비결

한 가지씩 한다, 서두르지 말고 꾸준히 스트레칭한다

저를 찾아오시는 분들은 오랫동안 발레를 해오신 분들이 많은데, 발레 동작을 좀 더 정확하게 하고 싶다, 허리나 무릎의 통증을 완화하고 싶다, 더 유연해지고 싶다 등 목적도 다양합니다. 그중 한 분이 'Y자형 밸런스를 잡는 방법을 알고 싶다'고 하셨습니다. 그 말을 듣고 저도 한번 도전해보자고 생각했습니다. **어려운 동작은 그 동작을 반복해서 연습한다고 해서 할 수 있는 것이 아닙니다.** 어려운 동작이나 자세를 해내고 싶다면 몸의 어떤 부분이 어떻게 움직이는지 하나하나 분해하는 것이 지름길입니다.

여기서 기본이 되는 것은 '비틀기', '늘리기', '호흡'의 셀프 튜닝입니다. 저의 경우에는, 가설과 검증을 반복하여 8주 만에 아름다운 Y자형 밸런스를 만들 수 있게 되었습니다. 저에게 상담을 하신 분은 "그렇게 단기간에 할 수 있어요?"라고 놀라워했습니다. 하지만 모든 사람의 관절과 근육 구조는 똑같기 때문에 프로든 아마추어든 힘을 발휘할 수 있는 메커니즘은 다르지 않습니다. 골격이나 체형의 문제가 아닙니다. 중요한 것은 움직임을 하나하나 분해하는 것, 그리고 방법을 터득했다면 서두르지 않고 매일 매일 꾸준히 하는 것입니다. 이 두 가지를 명심하고 매일 스트레칭을 해준다면 여러분의 몸도 하루하루 달라지게 될 것입니다.

CHAPTER 3

유연 발레 스트레칭으로 내가 꿈꾸던 발레 동작에 도전!

스트레칭으로 더욱 아름다운 발레를, 우울증도 굿바이!

유연성을 상징하는 4가지 동작을

가장 빨리 해낼 수 있는 방법을 알려줍니다.

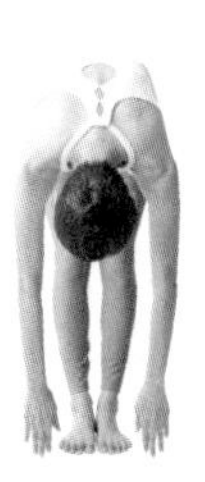

견갑골을 풀어주어

등 뒤에서 두 손을 맞대고 싶다

손을 등 뒤로 돌려 견갑골 사이에서 손바닥을 맞닿게 하는 자세입니다. 어렸을 때는 쉽게 할 수 있었는데, 어른이 되면 '어깨가 굳어서 팔을 뒤로 돌릴 수 없다', '손바닥을 맞대려고 하면 손목이 아프다'고 하는 경우가 종종 있습니다.

이 자세를 아름답게 해내기 위해서는 어깨와 견갑골 주변, 손목의 유연성은 물론, 팔을 뒤로 돌리기 위해 사용하는 몸통을 비틀어주는 힘도 중요한 요소입니다. 이 자세를 무리 없이 할 수 있게 되면 어깨 결림이나 일자목 해소에도 도움이 됩니다.

\ 이런 분에게도 강추! /

- ☐ 어깨가 결린다
- ☐ 어깨가 안쪽으로 말려 있다
- ☐ 등이 굽었다

(POSING-1)

어디까지
할 수 있나옹~

올바른 방식으로 CHECK!
무리하지 않고 어디까지 할 수 있을까?

CHECK **1** 두 손을 펴고 두 팔을 양 옆으로 뻗는다

CHECK **2** 팔을 안쪽으로 돌려서 손바닥이 뒤를 보게 한다

먼저 두 손이 어느 정도나 뒤로 돌아가는지를
CHECK ❶~❹의 순서로 셀프 체크합니다.
어디가 힘든 곳인지 알아내어 발레 스트레칭으로
개선 포인트를 바로잡아봅니다.

CHECK ❸ 팔을 굽혀서 손등을 등에 갖다 댄다

CHECK ❹ 가슴을 펴면서 두 손을 맞댄다

어깨가 뻣뻣하면
팔을 뒤로 돌릴 수 없다

어깨는 견갑골과 쇄골 등 여러 개의 뼈가 연동하고 있는 관절로, 360도를 움직일 수 있다는 특징을 가지고 있습니다. 운동 부족 등으로 관절의 가동성이 떨어져 어깨의 움직임이 제한되면 당연히 팔도 잘 움직이지 않게 됩니다.

등 뒤에서 손바닥을 맞댈 때 **팔을 뒤로 가져가는 단계에서 이미 어깨가 아픈 사람은 견갑골이 굳어 있는 상태입니다.** 왜냐하면 원래 팔을 뒤로 가져가면 어깨와 연결된 견갑골의 상부가 앞으로 넘어가야 하는데, 어깨와 견갑골 주변이 굳어 있으면 그 움직임이 원활하지 못해 통증이 생기는 것입니다.

또한 손바닥을 등 뒤에서 맞대기 위해서는 **팔을 안쪽으로 단단히 비틀어 몸통으로 끌어당기는 힘도 필요**합니다. 이때도 어깨의 유연성이 큰 영향을 미칩니다. 오른쪽 페이지에서 소개한 3가지 동작이 어려운 사람은 견갑골 주변이 경직되어 있을 가능성이 큽니다. 오른쪽 페이지의 발레 스트레칭으로 근육을 움직여 풀어봅니다.

여기가 힘든 사람은 체크

견갑골을 움직여보자

팔꿈치를 어깨높이까지 들어 올려 정면에서 붙입니다. 그 자세를 유지한 채 견갑골을 모으면서 두 팔을 벌립니다.

☑ 팔꿈치를 모은다

☑ 두 팔을 벌린다

팔꿈치를 옆구리에 붙이고 90도로 굽힌 상태에서 두 손을 모읍니다. 그 자세를 유지한 채 견갑골을 모으면서 두 팔을 벌립니다.

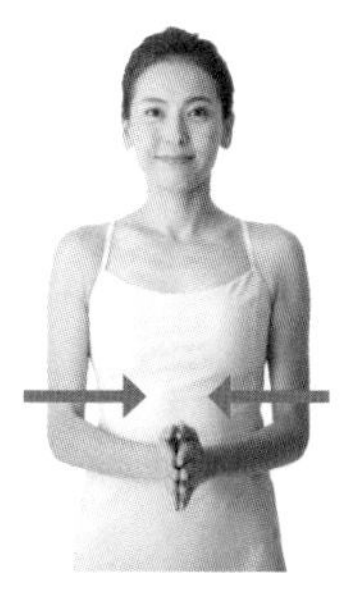

☑ 손을 맞댄다

☑ 두 팔을 벌린다

손바닥은 바닥을 향한 채 팔을 어깨 높이에서 굽혀 손이 앞을 향하게 한 후 아래팔(전완)을 내렸다 올리면서 위팔을 돌려줍니다. 팔은 어깨높이를 유지합니다.

☑ 전완을 올린다

☑ 전완을 내린다

수건으로 어깨와 등 스트레칭

핸드 타월을 이용해 견갑골을 쉽게 움직일 수 있게 하는 스트레칭.
수건을 위아래로 잡아당기면 등도 점점 늘어나게 됩니다.

이럴 때도 좋아요! ▶ 어깨와 등이 뻣뻣하다 / 팔을 위로 들어 만세를 부르지 못한다

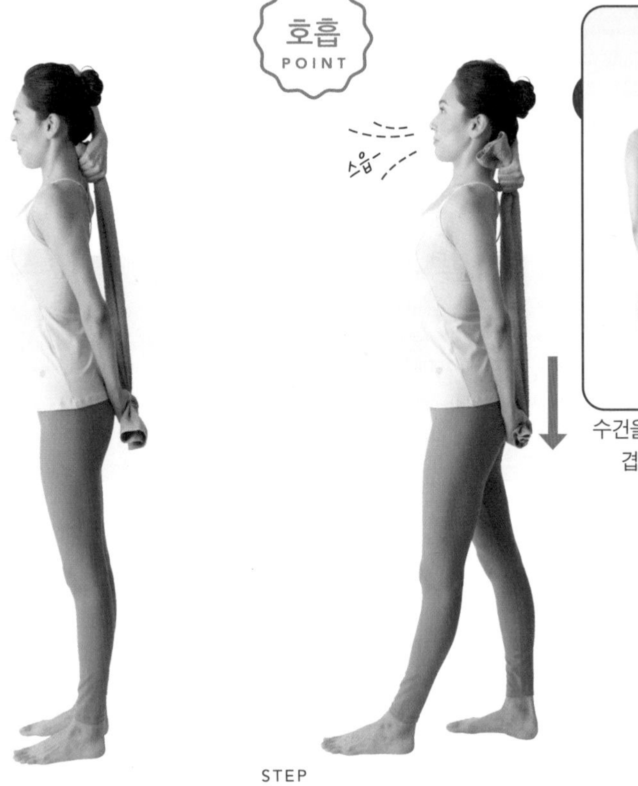

수건을 등줄기의 라인과 겹치도록 잡는다.

STEP **1** 똑바로 서서 뒤에서 수건의 양쪽 끝을 잡는다.
(오른손이 위로 오게 한다)

STEP **2** 다리를 한 발 앞으로 내민 다음 왼손으로 수건을 똑바로 아래로 당긴다. 당길 수 있을 때까지 당긴 다음 숨을 들이마신다.
(왼쪽 다리를 앞으로 내민다)

(POINT)

수건을 당길 때는 위팔을 몸통으로 끌어당기면서 당기면 견갑골이 잘 움직입니다. 위팔이 몸통에서 떨어진 상태에서 수건을 잡아당기면 팔만 굽혔다 펴는 운동이 되어버리므로 주의해야 합니다.

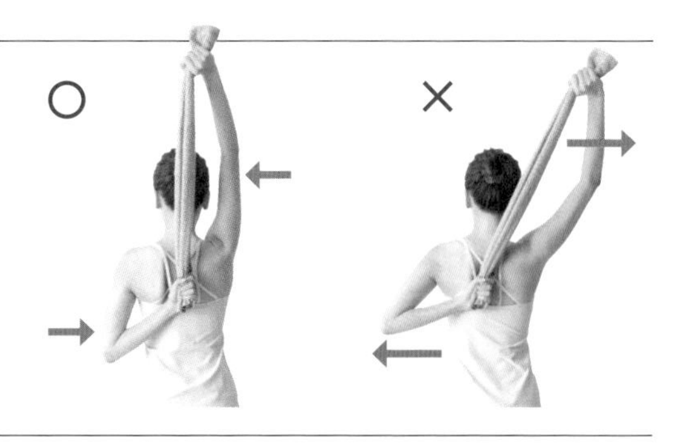

목표 **10회 × 3세트**
(손과 다리를 바꿔서
반대편도 똑같이 한다)

STEP

3 자세를 바꾸지 않고 오른손으로 수건을 똑바로 위로 당긴다. 당길 수 있을 때까지 당긴 다음 숨을 내쉰다.

STEP

4 가슴을 뒤로 쭉 젖힌 다음, 어깨와 등이 늘어나는 것을 느끼면서 3초 동안 유지한다.

견갑골의 움직임은 등의 유연성과 연동한다

등 뒤에서 손을 맞댈 때 늑골이 앞으로 튀어나오지 않게 하려면 **견갑골을 척추 쪽으로 단단히 끌어당겨야 합니다.** 그러기 위해서는 등의 유연성이 중요합니다. 왜냐하면 견갑골은 구조적으로 등의 유연성에 따라 가동성에 영향을 받기 때문입니다.

견갑골은 등의 상부에 있는 큰 뼈로, 팔을 올리거나 내리고 돌리는 등 팔의 움직임과 연동합니다. 그리고 몸통의 움직임을 지탱하는 역할도 합니다.

견갑골은 쇄골과 연결되어 있지만, 나머지는 등 근육에 의해 지탱되고 있을 뿐, 떠 있는 구조인 것이 특징 중 하나입니다. 그러므로 원래는 가동 범위가 넓은데, 등이 뻣뻣하면 그것만으로도 견갑골이 굳어져서 움직이기 힘들어집니다.

장시간의 사무 업무나 고양이등 같은 나쁜 자세, 운동 부족 등으로 등 근육을 사용하지 않으면 견갑골과의 연동성은 점점 떨어집니다. 다음 페이지의 발레 스트레칭으로 개선해봅시다.

여기가 힘든 사람은 체크

견갑골과 등의 연결성

ㅣ견갑골의 움직임ㅣ

들어 올리기
아래쪽으로 돌리기
앞으로 내밀기
뒤로 젖히기
위쪽으로 돌리기
내리기

어깨의 움직임에는 여러 근육과 관절이 관여하는데, 그중에서도 뒤로 젖히기, 앞으로 내밀기 등 여섯 방향으로 움직이는 견갑골에 관여하는 것이 견흉 관절입니다. 관절이긴 하지만 뼈와 뼈가 연결되어 있는 것이 아니라 등 주변의 근육으로 조절하기 때문에 등이 뻣뻣하면 움직이기 힘들어집니다.

견갑거근
능형근 (대, 소)
견흉 관절
상완 삼두근
전거근
승모근
삼각근
광배근
흉요근막

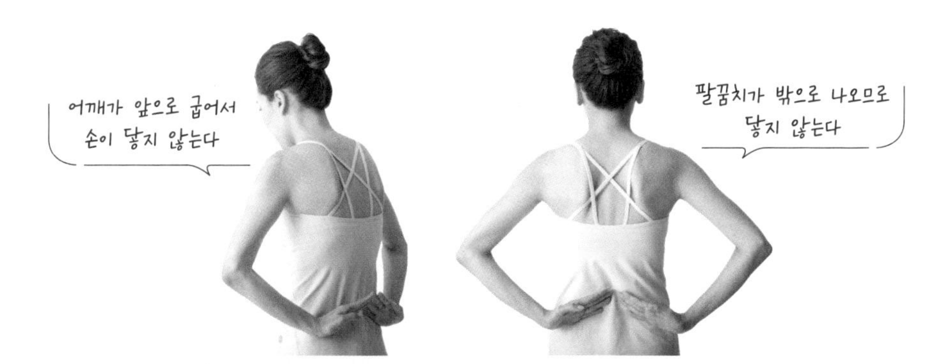

☑ 등이 뻣뻣하면 등 뒤에서 손을 맞댈 수 없다

스파이럴 앞으로 숙이기 [레벨 2]

스파이럴 앞으로 숙이기 [레벨 1](→ 28쪽)보다 척추를 늘리는 힘이 높아집니다. 고양이등, 뒤로 젖혀진 허리 등, 잘못된 자세 교정과 예방에도 효과적입니다.

이럴 때도 좋아요! ▶ 목과 어깨의 결림 / 허리와 허리의 뻐뻐함 / 고관절의 뻐뻐함

목표 **10초** 유지 × **3**세트
(손을 바꿔서 반대편도
똑같이 해준다)

앞에 책상을
준비한다

STEP **1**

의자에 앉아
등을 펴고
손목을 교차시킨 상태에서
두 손을 깍지 낀다.

비틀기
POINT

STEP **2**

두 손을 깍지 낀 상태에서
손을 돌려 올리면서
얼굴 앞으로 가져온다.

(POINT)

손목을 비튼다는 점에서는 스파이럴(→ 26쪽)과 같지만, STEP 4에서 손을 돌려 올리지 않고 그대로 앞으로 늘리는 것이 '레벨 2'의 특징입니다. 이렇게 하면 비트는 힘이 강해져서 레벨 1보다 척추를 더욱 쉽게 늘릴 수 있습니다.

STEP 3

팔을 어깨보다
높은 높이로
쑥 들어 올린 다음,
그대로 팔을 늘려준다.

STEP 4

두 손을 책상 위에
올려놓고 허리 힘으로
앞쪽으로 눌러가는
느낌으로 팔을 늘려준다.
늘릴 수 있을 만큼
늘린 지점에서 10초 동안
유지한다.

비트는 힘으로
등 뒤에서 두 손을 딱 맞댄다

등 뒤에서 두 손을 맞대려면 팔꿈치를 굽혀 손을 등 가운데로 가져오는 동작과 손을 맞댈 때 손목을 비틀어주는 두 가지 동작이 필요합니다. 두 동작 모두 몸 앞쪽에서 하는 것은 쉽지만, 등 쪽에서 하는 것이 어려운 이유는 어깨와 견갑골에 더해 손목의 가동성이 영향을 미치기 때문입니다.

팔을 뒤로 돌리는 것까지는 할 수 있는데, 거기서 팔을 끌어당겨 등 뒤에서 손을 맞대기는 힘든 사람들은 대부분 팔을 뒤로 돌릴 때 어깨가 앞으로 나와버리는 것이 원인입니다. 이럴 때는 손목의 유연성을 높이는 것이 중요합니다. 손목의 가동성이 높아지면 팔을 뒤로 돌릴 때 작용하는 비트는 힘을 손목에서 어깨, 가슴까지 연동시킬 수 있게 됩니다.

또한, 팔을 비트는 힘이 부족한 것 외에 몸통에서 견갑골, 팔을 연결해서 움직이는 힘이 약할 가능성도 있습니다. 62쪽의 '스파이럴 벤드'는 이를 해소하는 데에도 도움이 될 것입니다.

여기가 힘든 사람은 체크

비트는 힘의 작용

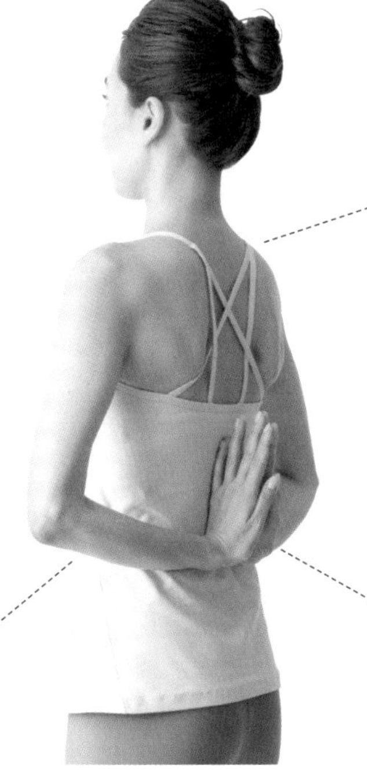

비틀기의 작용으로 어깨 →쇄골 →가슴으로 자세를 유지하는 힘이 전달된다 (가슴을 편다)

비트는 힘이 약하고 어깨가 뻣뻣하면 보상운동으로 배와 가슴을 뒤로 젖히게 되어 두 손을 딱 맞댈 수 없다.

복부가 앞으로 나오지 않도록 늑골을 닫는다

손목을 안쪽으로 비틀어서 팔을 뒤로 돌린다.

두 손의 손바닥을 완전히 맞대고 손목을 안쪽과 바깥쪽으로 번갈아 돌려본다. 걸리는 느낌이 들거나 어깨가 움직인다면 틀어지거나 경직된 상태이다.

☑ 어깨와 손목을 올바르게 연동시킨다

스파이럴 벤드

등 뒤에서 두 손을 맞댈 때 사용하는 부위를 골고루 자극합니다.
타이밍을 잘 맞춰서 호흡을 하여 몸을 바짝 비틀어줍니다.

이럴 때도 좋아요! ▶ 뻣뻣한 어깨와 등

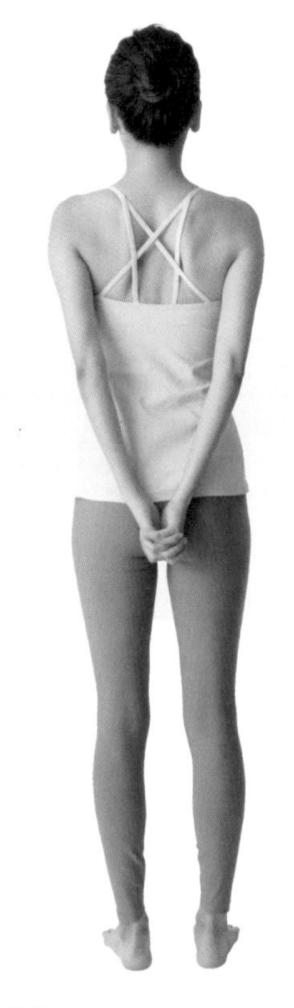

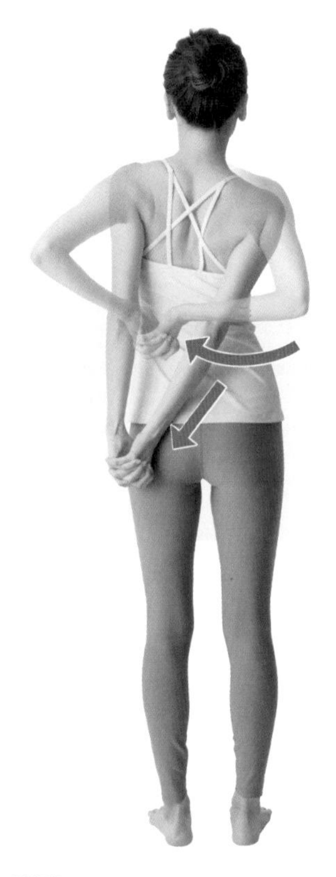

STEP **1** 두 다리를 어깨너비로 벌리고 등 뒤에서 두 손을 깍지 끼어 팔을 늘린다.

STEP **2** 팔을 굽혀서 손을 옆구리로 모은 다음, 비스듬하게 아래쪽으로 늘려준다.

(EASY)

무릎들기High knee up를 할 때 한쪽 다리로 균형을 잡기 어렵다면 의자에 앉아서 해도 됩니다. 다리 폭을 약간 넓게 벌리고 의자에 앉아 손목을 비틀면서 허리 위에 올려놓는 STEP 1~3까지는 동일합니다. 허벅지는 배에 가깝게, 얼굴은 정면을 바라보도록 하면 효과가 더 좋습니다.

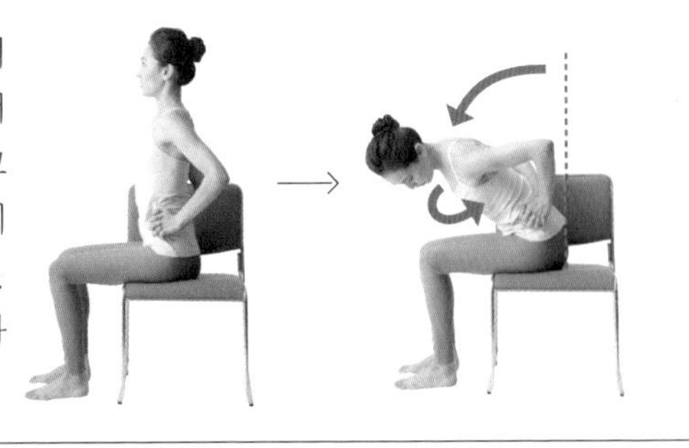

목표 무릎들기 **5~8회** 반복× **3**세트
(손과 다리를 바꿔서 반대쪽도 똑같이 해준다)

반복한다

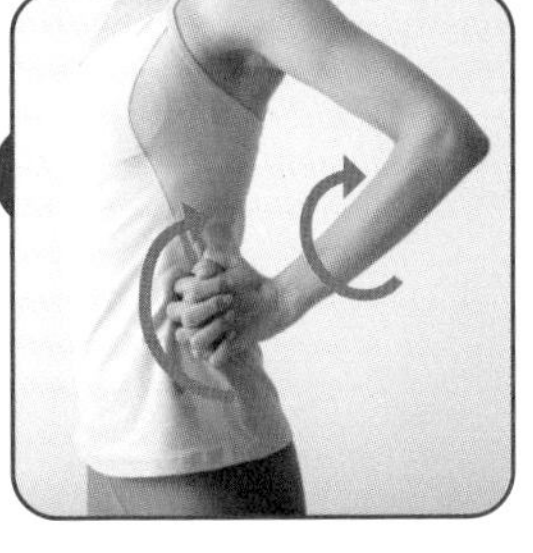
| ZOOM |

허리 위에 붙인 손목은
약간 안쪽으로 비틀어준다.
이렇게 하면 몸통이 안정된다.

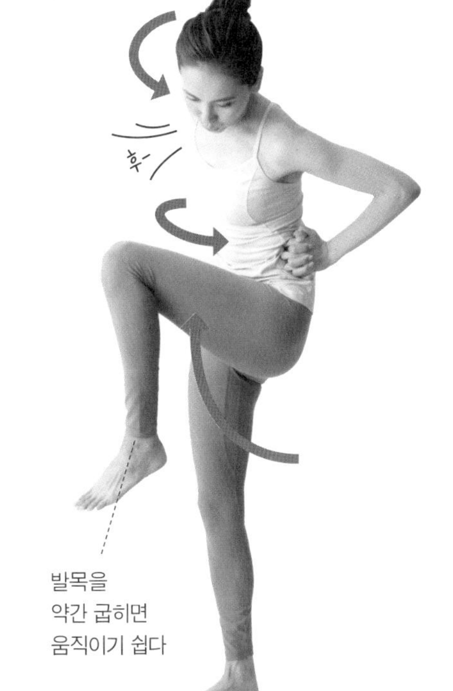

발목을
약간 굽히면
움직이기 쉽다

STEP **3**
다시 한 번 팔을 굽혀
두 손을 허리 위에서 누른다.

STEP **4**
숨을 내쉬면서 무릎을 들어 올려
두 손이 있는 방향으로 몸을 비튼다.
비튼 다음 STEP **3**으로 돌아간다.

골반을 리셋하여

고관절부터 180도 앞으로 숙이기를 하고 싶다

몸을 폴더처럼 접어서 앞 캉브레cambré devant를 하는 발레리나의 모습은 보는 이로 하여금 감탄을 자아내게 합니다. 앞 캉브레는 허리와 등을 늘려서 상체를 앞으로 숙이는 동작입니다. 앞 캉브레를 잘하려면 허벅지 뒤쪽의 유연성은 물론, 고관절과 골반을 올바르게 사용하려는 의식과 몸통의 힘도 중요한 포인트입니다.

손이 바닥에 닿지 않거나 허벅지 뒤쪽이 뻣뻣해서 무릎을 펼 수 없는 분들도 한 가지씩 요령을 익히면 발레리나처럼 아름다운 앞 캉브레를 조금씩 할 수 있게 될 것입니다.

\ 이런 분에게도 강추! /

- ☐ 허리가 뻐근하다
- ☐ 골반이 뒤로 기울어져 있다
- ☐ 허벅지 뒤쪽이 뻣뻣하다

(POSING-2)

앞으로 숙이기에 필요한 유연성 포인트 CHECK!

앞으로 숙이기(앞 캉브레)를 할 때는 발목을 지짓점으로 삼고 고관절이 축이 되어 골반이 앞으로 회전해야 앞으로 숙이기 쉬워집니다. 이때 꼭 필요한 것이 3가지 유연성 포인트입니다. 이것이 안 되면 몸에 브레이크가 걸리는 요인이 되므로 발레 스트레칭으로 해결해갑니다.

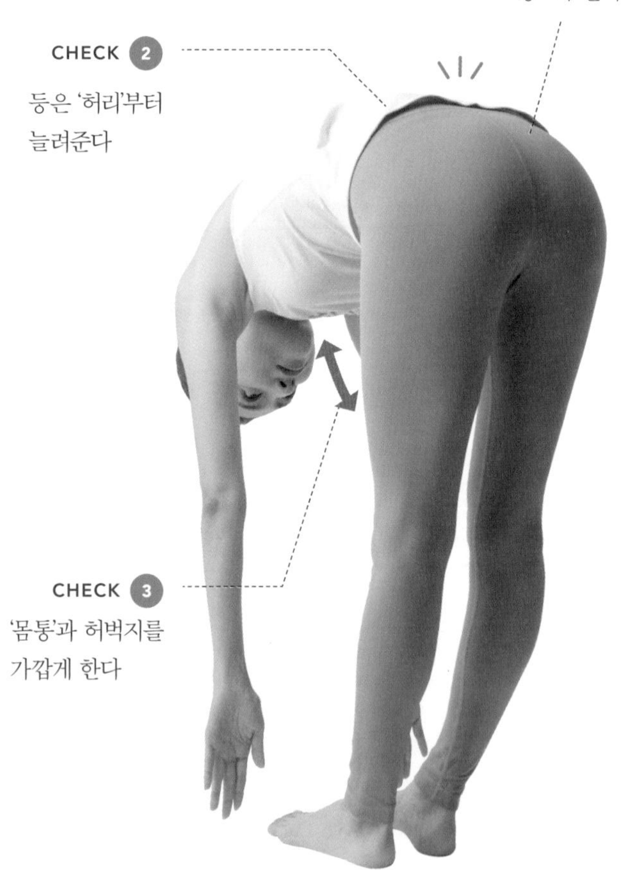

'꼬리에 꼬리를 무는 뻣뻣함'이 앞으로 숙여지지 않는 몸을 만든다

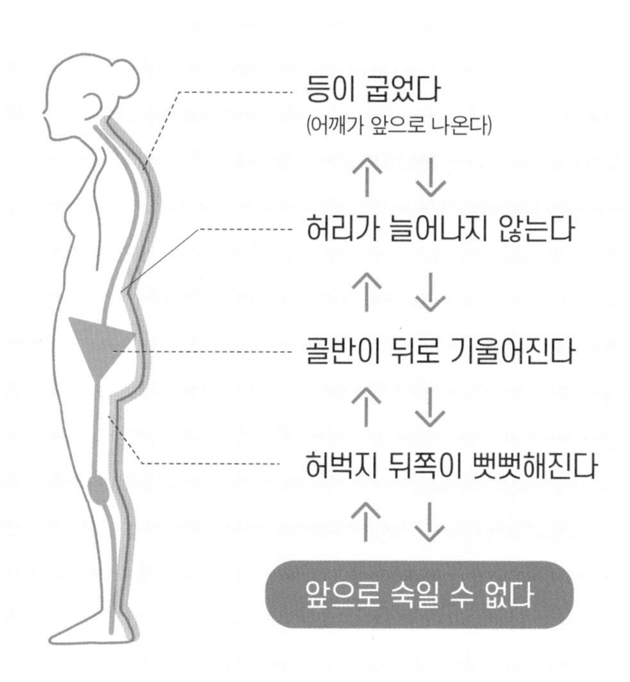

허벅지 뒤쪽의 유연성만으로는 몸을 앞으로 숙일 수 없다

상체를 앞으로 숙일 때는 허벅지 뒤쪽의 유연성에 주목하기 쉽지만, 사실은 등의 유연성과 몸통의 힘도 함께 작용합니다. 몸을 앞으로 숙일 때는 고관절의 굴곡에 의해 골반이 앞으로 기울어지는데 허벅지 뒤쪽이 뻣뻣하면 골반이 당겨져서 뒤로 기울어지기 쉬운 상태가 됩니다. 그러면 허리가 구부정해지고 등 전체도 구부정해지게 됩니다.
앞으로 기울어진 골반을 유지하기 위해 고관절을 계속 끌어당기려면 몸통의 강한 힘이 필요하며, 팔다리를 늘리기 위해서는 심호흡도 중요합니다. 여러 가지 요소들이 연동되어 있는 것입니다.

고관절이 뻣뻣하면 몸이 앞으로 숙여지지 않는다

앞으로 숙이기를 할 때 가장 핵심이 되는 것은 고관절입니다. 고관절을 끌어당김으로써 골반이 앞으로 기울어집니다. 고관절의 가동성을 높이려면 주변 근육의 유연성을 높여서 움직임을 좋게 하는 것이 중요합니다. 먼저 오른쪽 페이지의 4가지 동작을 통해 현재 내 몸의 고관절이 원활하게 움직이는지 확인해봅니다.

또한 햄스트링이라는 허벅지 뒤쪽 근육의 유연성도 고관절의 움직임에 큰 영향을 미칩니다. 이 근육은 좌골(골반 하부)에서 무릎 뒤쪽으로 뻗어 있는데, 골반이 뒤로 기울면 좌골 자체의 위치가 어긋나기 때문에 햄스트링이 경직되어 허벅지 뒤쪽이 수축되기 쉽습니다.

골반이 뒤로 기울어진 상태에서는 고관절도 움직이기 힘듭니다. 그 상태에서 스트레칭을 하는 것은 액셀과 브레이크를 동시에 밟는 것과 같아서 효과가 떨어집니다. 허벅지 뒤쪽 스트레칭을 하기 전에 반드시 고관절부터 바로잡아야 합니다.

여기가 뻣뻣한 사람은 체크!

고관절의 특징

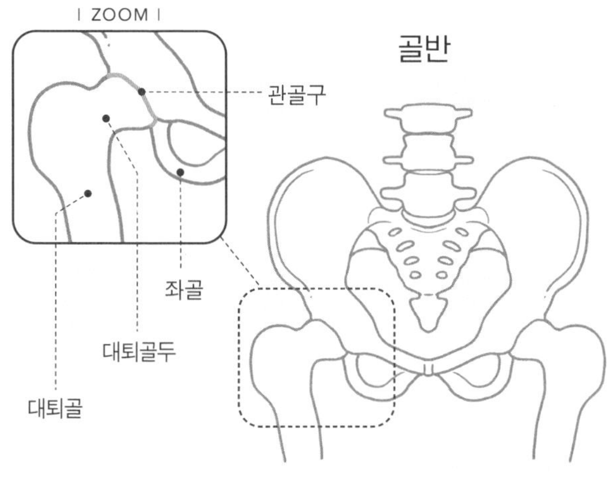

골반의 관골구라는 공 모양의 둥근 홈에 끝이 동그란 뼈인 넓적다리뼈(대퇴골두)가 박혀 있는 구조. 이곳이 빙글빙글 돌아가기 때문에 다리를 입체적으로 움직일 수 있습니다.

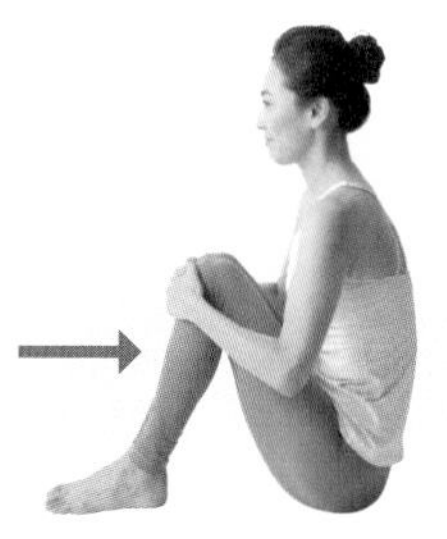

☑ 끌어당긴다

☑ 편다

다리를 굽혀 허벅지를 배로 끌어당기거나 허리를 곧추세우고 두 다리를 펴줍니다. 앞으로 숙이기 위해 필요한 동작입니다.

☑ 안쪽으로 돌린다

☑ 바깥쪽으로 돌린다

책상다리를 하거나 W자 앉기(정강이를 바깥쪽으로 향하게 앉는 자세)를 취합니다. 내전근 스트레칭에도 도움이 됩니다.

허리를 사용해야 앞으로 많이 숙일 수 있다

흉요부는 부위별로 가동 범위(앞으로 숙일 수 있는 범위)가 다른데, 흉추와 요추를 합해 45도라고 합니다. 이 범위를 최대한 활용할 수 있느냐가 앞으로 얼마나 많이 숙일 수 있는지를 결정하는 열쇠가 됩니다.

이때 중요한 것이 허리를 늘리는 것입니다. 상체를 앞으로 숙일 때 아무 생각 없이 그냥 몸을 앞으로 숙이려고 하면, 대부분 얼굴부터 앞으로 넘어져서 허리가 구부러지게 됩니다. 그러면 허리가 전혀 늘어나지 않은 상태가 되어 앞에서 말한 가동 범위를 전혀 사용할 수 없게 됩니다. 골반도 뒤로 기울어버리기 때문에 앞으로 숙이려고 해도 숙일 수 없게 됩니다.

이를 방지하고 요추의 가동 범위를 최대한 활용하기 위해서는 배꼽을 앞으로 내민다는 의식으로 몸을 앞으로 숙여봅니다. 그러면 허리가 늘어난 상태에서 고관절을 돌릴 수 있기 때문에 몸통이 허벅지쪽으로 더 가까이 다가가기 쉬워집니다.

여기가 뻣뻣한 사람은 체크!

흉요부의 가동 범위에 대하여

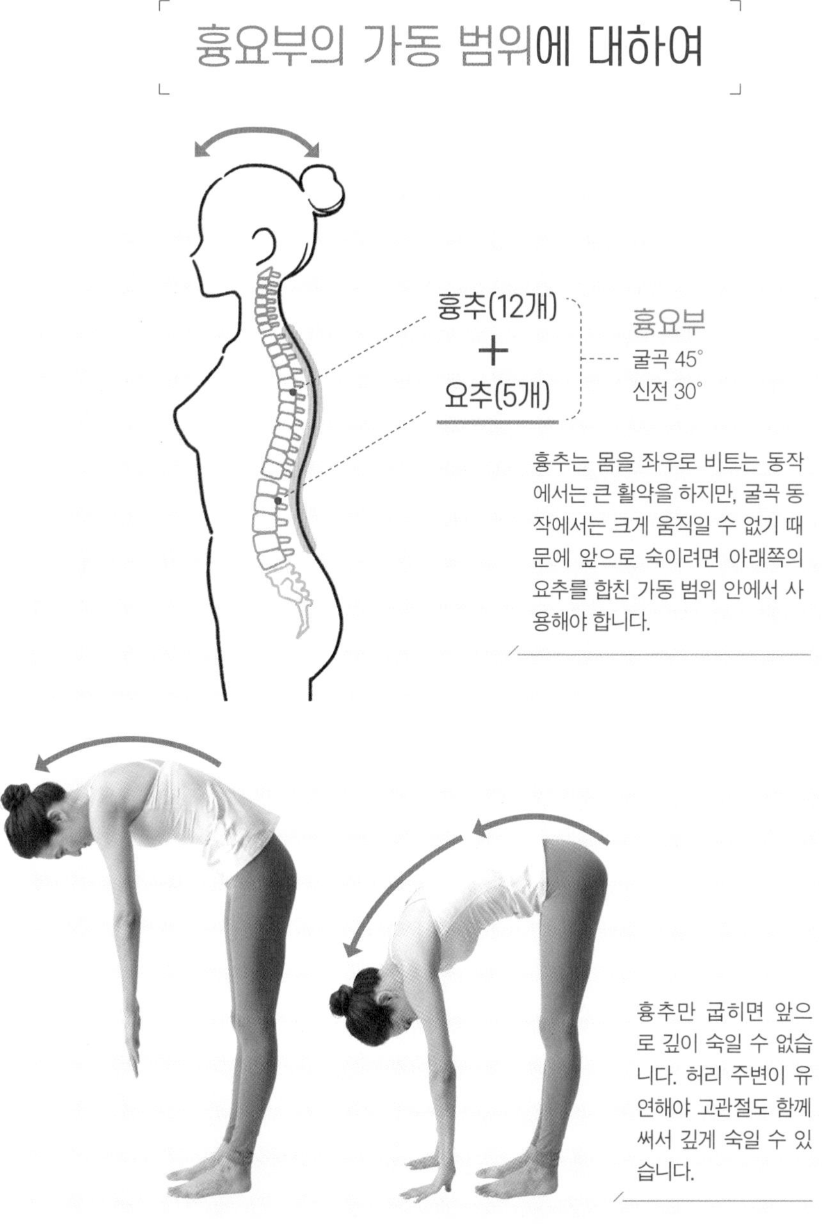

☑ 가슴으로 앞으로 숙이기 ☑ 가슴과 허리로 앞으로 숙이기

속근육의 작용이 앞으로 숙이는 힘을 높인다

상체를 앞으로 숙일 때는 '고관절의 굴곡'이라고 하는, 다리를 올리는 각도도 중요합니다. 앞으로 숙일 때 상체를 하체에 가깝게 하기 위해서 실제로 다리는 움직이지 않지만, 몸통과 허벅지를 가깝게 한다는 점에서는 서 있는 상태에서 다리를 올리는 동작을 할 때와 같은 근육이 작용하기 때문입니다.

여기서 큰 역할을 하는 것은 요추와 대퇴골을 연결하는 장요근입니다. 장요근은 속근육 중 하나로 다리의 사타구니와 흉요부를 연결하고 있으며, 허벅지 쪽을 흉요부에 가깝게 움직이면 다리 올리기(데블로페), 흉요부 쪽을 허벅지에 가깝게 움직이면 앞으로 숙이기 동작(앞 캄브레)이 됩니다.

고관절의 유연성에도 영향을 미치는데, 장요근이 뻣뻣하면 골반이 앞으로 당겨져서 뒤로 젖혀진 허리가 됩니다. 장요근이 약해지면 골반이 뒤로 넘어가서 등이 굽어서 고양이등의 원인이 되기도 합니다.

장요근을 단련해 제대로 작동할 수 있는 상태가 되면 몸통과 하체가 더욱 가까워집니다. 고관절과 골반도 더 쉽게 움직일 수 있게 됩니다.

여기가 뻣뻣한 사람은 체크!

장요근의 작용에 대하여

대요근

장골근

장요근은 대요근(소요근을 포함하는 경우도 있음)과 장골근으로 구성된 근육입니다. 요추에서 대퇴골까지를 연결하는 속근육으로 자세 유지와 고관절의 굴곡, 밖으로 돌리기 등의 동작에 관여합니다.

장요근을 바로잡으면 고관절이 잘 움직이게 되어 상체와 하체를 더 가깝게 끌어당길 수 있게 됩니다. 발레리나들이 반드시 바로잡아야 하는 부위입니다.

호흡의 힘으로
몸 속부터 유연해진다

고관절과 주변 근육을 바로잡았다면 이제 호흡을 의식해봅니다. 보통 숨을 내쉴 때는 풍선의 바람이 빠지듯이 아무것도 하지 않아도 자연스럽게 폐 속 공기가 밀려 나오지만, 운동이나 조금 힘든 자세로 움직일 때는 등이나 목, 어깨 등에 있는 호흡을 보조하는 근육을 사용하게 됩니다. 몸이 뻣뻣한 상태에서 앞으로 숙이려고 애를 쓰면 몸이 긴장해서 호흡이 멈춰버리며, 원래 호흡을 도와야 할 근육도 굳어지게 됩니다.

이러한 호흡 보조 근육에는 승모근 같은 목과 어깨의 근육, 척추기립근이나 광배근 같은 등의 근육, 골반을 평행하게 유지하는 요방형근 등이 있습니다. 이런 근육이 뻣뻣하면 골반의 위치가 틀어지거나 관절의 가동 범위가 좁아져 유연성이 떨어집니다. 이는 몸을 다치게 하는 원인이 되기도 합니다.

몸을 앞으로 숙일 때 깊게 호흡을 하면 경직된 호흡 보조 근육이 풀려 전신의 유연성을 높일 수 있습니다. 몸이 힘들다고 느껴지는 자세일수록 호흡을 멈추지 않는 것이 좋습니다.

여기가 뻣뻣한 사람은 체크!

호흡을 보조하는 부위

깊게 들이마실 때
사용하는 부위

- 승모근
- 척추기립근
- 대흉근
- 흉쇄유돌근
  등

깊이 내쉴 때
사용하는 부위

- 복근(속근육)
- 광배근
- 요방형근
- 흉요근막
  등

흡
후우

몸이 힘들다고 느끼는 자세를 취하면 호흡이 힘들어지는 것은 이러한 호흡 보조 근육이 긴장되어 있기 때문입니다. 힘든 자세로 심호흡을 하면 몸을 경직시키고 있는 호흡 보조 근육을 풀어주어 원래의 가동성을 되찾게 해줍니다.

스파이럴 앞으로 숙이기 [레벨 1 하드 모드]

스파이럴 앞으로 숙이기 [레벨 1](→ 28쪽)과 같은 형태로 하는 강화 버전.
레벨 1보다 몸을 더 많이 늘려서, 앞으로 숙이기에 필요한 부위를 집중 단련합니다.

이럴 때도 좋아요! ▶ 목과 어깨결림 / 허리와 등의 뻣뻣함 / 고관절의 뻣뻣함

STEP 1

의자를 2개 준비하여
서로 마주 보게 놓는다.
한쪽 의자에 앉아서 다른 쪽에
두 손을 올려놓는다.

STEP 2

두 팔을 가볍게 굽혀
가슴으로 끌어당기면서
크게 숨을 들이마신다.

(POINT)

기본 순서는 스파이럴 앞으로 숙이기 [레벨 1]과 같습니다. 단, 두 손의 위치를 허리 높이와 같게 함으로써 고관절의 굴곡이 깊어져 스트레칭 효과가 높아집니다. 몸이 뻣뻣해서 앞으로 숙여지지 않을 때는 레벨 1부터 시작합니다. 호흡을 병행하면서 조금씩 깊게 해봅니다.

STEP 1→4 10초 유지 × 3 세트
(손을 바꿔서 반대편도 똑같이 해준다)

STEP 3

두 손을 밀면서
팔을 늘린다. ❶
팔을 다 늘리면 두 손을
더 밀면서 허리 힘으로
팔을 앞쪽으로 눌러나간다. ❷

STEP 4

STEP 2→3을
반복하면서 고관절을
더 굽혀서 등을 더 많이
늘려준다. 최대한
늘린 곳에서 10초
동안 유지한다.

비틀어서 횡격막 스트레칭

횡격막 스트레칭(→ 34쪽)에 흉요부 비틀기를 더한 변형 버전.
'비틀기'와 '호흡'으로 호흡 보조 근육을 자극하여 몸 안쪽부터 유연성을 높입니다.

이럴 때도 좋아요! ▶ 틀어진 자세 / 호흡의 힘 높이기 / 요통 예방

ZOOM

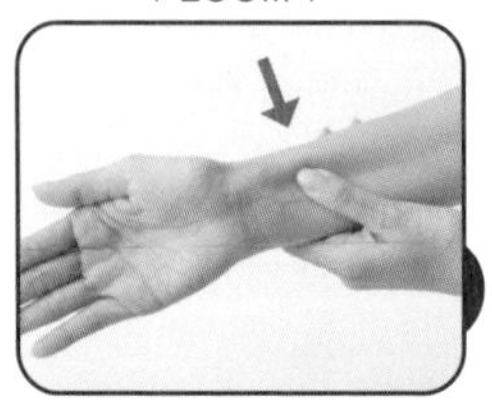

손을 크게 펼쳤을 때 손목에 튀어나온 2개의 힘줄을 누르면 흉추를 비틀기 쉬워진다.

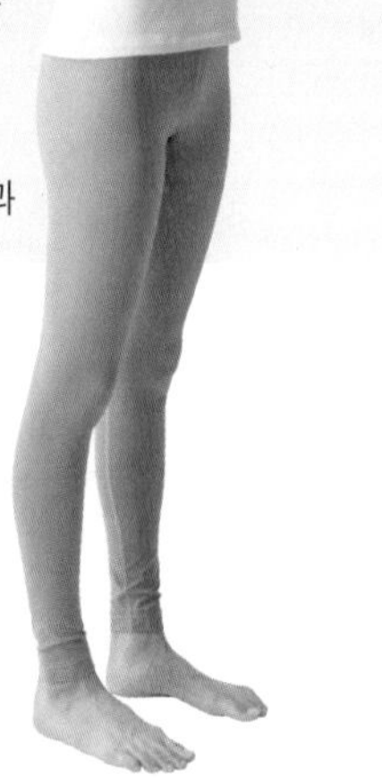

팔을 굽히고 아래팔을 바닥과 평행하게

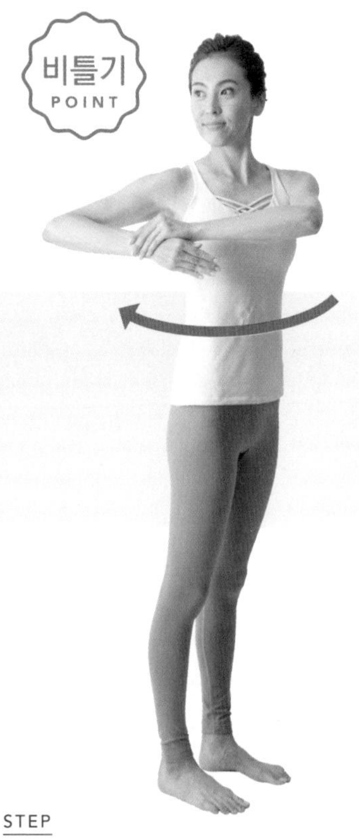

STEP 1 똑바로 서서 오른손의 손등을 정면으로 두고 왼손으로 잡아준다.

STEP 2 골반은 움직이지 않고 배꼽 위쪽 상체를 오른쪽으로 비틀어준다.

(POINT)

몸을 비틀 때 골반의 위치를 정면을 향하게 한 채로 움직이지 않도록 함으로써 비트는 힘을 강하게 합니다. 또한 호흡을 할 때는 늑골이 벌어지지 않도록 두 손으로 누른 상태에서 강하게 숨을 들이마심으로써 등쪽의 호흡 보조 근육도 강화시킵니다. 반대편도 같은 방법으로 해줍니다.

목표 STEP 1→4 3세트
(손을 바꿔서 반대쪽도 같은 방법으로)

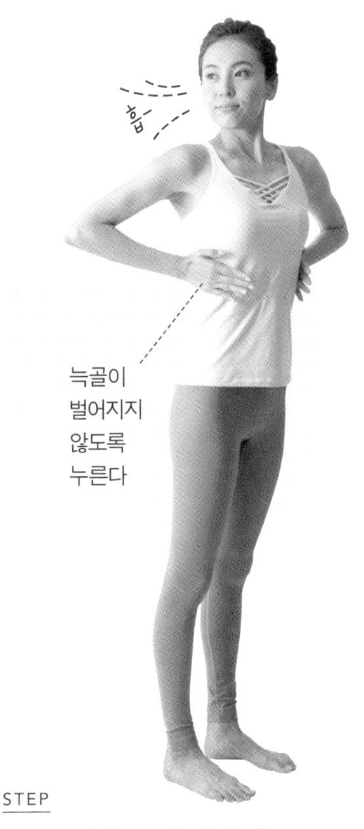

STEP **3** 집게손가락과 가운데손가락을 명치 근처의 늑골에 걸치고 숨을 끝까지 내쉰다.

STEP **4** 두 손으로 늑골을 잡고 코로 숨을 들이마신다. 충분히 들이마셨다고 생각한 곳에서 더 들이마신다.

다리 굽히고 앞으로 숙이기

횡격막 스트레칭(→ 34쪽)을 하면서 조금씩 다리를 펴기만 하면 됩니다.
허벅지 뒤쪽(햄스트링)의 유연성이 높아져서 자연스럽게 앞으로 많이 숙일 수 있게 됩니다.

이럴 때도 좋아요! ▶ 등과 허리의 뻣뻣함 / 허벅지 뒤쪽의 뻣뻣함

STEP 1

다리를 굽히고 바닥에 앉아
팔을 가볍게 굽혀
손목을 풀어준다.

STEP 2

팔을 편 다음 허리를 이용하여
앞으로 밀어준다.
(힘들다고 느껴지는 지점에서 멈춘다)

목표 STEP 1→4를 반복하면서 STEP 5까지
(깍지 낀 손을 바꿔서 한 세트 더 같은 방법으로)

STEP 3

집게손가락과 가운데손가락을 늑골에 걸치고 숨을 끝까지 내쉰다.

STEP 4

두 손으로 늑골을 누르면서 숨을 크게 들이마신다. 숨을 충분히 들이마신 후 다리를 살짝 펴준다.

| FRONT |

숨을 들이마실 때 늑골이 벌어지지 않도록 주의한다.

STEP 5

STEP 1~4를 반복하면서 무리하지 않는 범위에서 조금씩 다리를 펴준다.

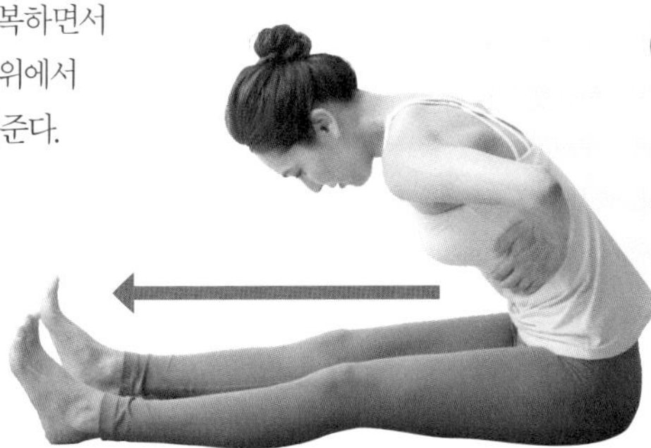

| FRONT |

이것을 반복하면 등쪽이 늘어나서 앞으로 숙일 수 있는 범위가 점점 커진다.

몸통을 바로세워

180도로 내전근을 스트레칭하고 싶다

다리를 180도로 벌리고 상체를 앞으로 완전히 숙이는 내전근 스트레칭은 많은 사람들의 '꿈의 자세'입니다. 하지만 실제로 해보면 내전근을 늘리는 것 자체가 어렵거나, 내전근을 스트레칭하려고 하면 골반이 뒤로 기울어지는 등 쉬운 자세는 아닙니다.

먼저 내전근 스트레칭과 앞으로 숙이기 중 어느 쪽이 더 힘든지를 체크하고 이를 극복하는 것이 중요합니다. 내전근 스트레칭이 힘들다면 비트는 힘이 부족한 것이므로 고관절과 몸통을 바로잡는 이번 챕터를, 앞으로 숙이기가 힘들다면 이전 챕터의 발레 스트레칭을 집중적으로 하기 바랍니다. 약점을 극복하면 점점 더 자세가 좋아질 수 있습니다.

\ 이런 분에게도 추천해요! /

- ☐ 몸통을 강하게 만들고 싶다
- ☐ 고관절이 잘 움직이지 않는다

CHECK 2

다리가 좌우로
벌어지지 않는다
(내전근이 늘어나지 않는다)

↓

내전근을 늘리는 힘이 약하므로

82~93쪽으로

몸통이 약하면 고관절의 움직임이 제한된다

내전근 스트레칭을 할 때는 고관절에 주목하기 쉽지만, **사실 고관절이 뻣뻣한 이유는 몸통이 약하기 때문**입니다. 무리한 자세를 취하다 보니 고관절의 가동성이 떨어져서 다리를 찢을 수 없게 되는 것입니다.

몸통이 약하면 내전근을 스트레칭할 때 상체를 똑바로 세운 채로 지탱할 수 없습니다. 그래서 골반 하부에 있는 좌골이 뜨게 되어 골반이 뒤로 기울어집니다. 그만큼 무게 중심이 뒤로 쏠리기 때문에 몸은 균형을 잡기 위해 앞으로 넘어지면서 허벅지가 안쪽으로 돌아가고 다리를 모으는 자세를 취하게 됩니다. 그러면 다리 안쪽의 근육이 수축하여 결과적으로 고관절의 가동 범위가 좁아지게 되는 것입니다.

즉, **골반을 똑바로 세운 상태를 유지할 수 있게 되면 고관절도 쉽게 움직일 수 있게 되는 것입니다.** 골반을 세우는 데 중요한 것은 몸통의 힘입니다. 고관절의 유연성을 높이고 가동 범위를 넓히기 위해서는 속근육을 강화하여 몸통을 안정시키는 것이 필수적입니다.

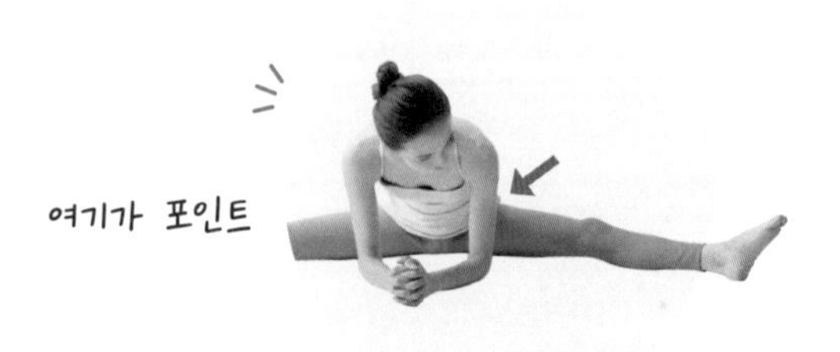

몸통과 고관절의 관계

내전근 스트레칭에 관여하는 고관절의 내회전과 외회전은 몸통의 힘과 연동되어 있습니다. 몸통이 약하면 자세가 불안정해져 고관절을 돌리거나 다리를 벌리기 어려워집니다.

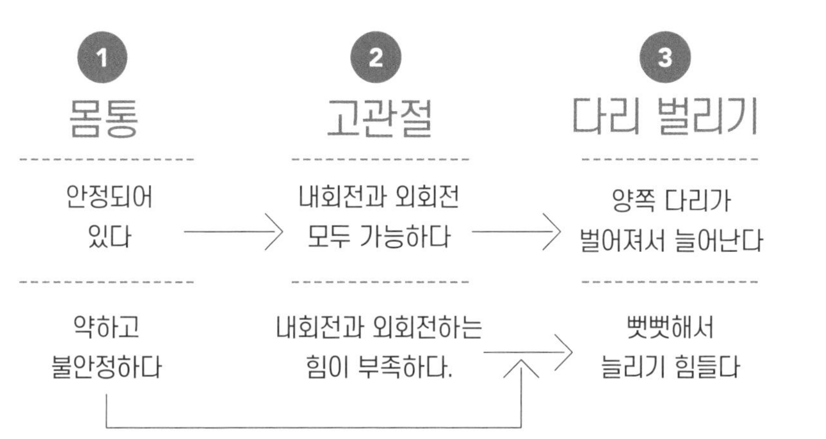

팔을 비트는 힘을 이용하여 몸통을 바로잡는다

몸통을 바로잡기 위해 중요한 것은 '비틀기'를 잘 활용하는 것입니다. 이때 대단히 중요한 역할을 하는 것이 바로 팔 비틀기입니다.

팔 비틀기에는 바깥쪽으로 비틀기와 안쪽으로 비틀기의 두 종류가 있습니다. 바깥쪽으로 비틀기는 견갑골로 등을 눌러서 몸통을 안정시키는 작용이 있고, 안쪽으로 비틀기는 등을 늘려주는 작용이 있습니다.

두 가지를 균형 있게 사용하는 것이 중요하며, 한쪽으로 치우쳐 사용하면 몸이 뻣뻣해지거나 몸이 불편해지는 원인이 됩니다. 예를 들어, 사무직에 종사하는 사람은 안쪽으로 비틀어지고 있는 경우가 많은데, 이것이 등을 구부정하게 만드는 원인이 되어 고양이등이나 허리 통증을 유발하는 것입니다.

참고로 새끼손가락쪽의 손목에 튀어나온 뼈가 있는데, 이 뼈가 많이 튀어나온 사람은 약간 주의해야 합니다. 이 뼈를 척골이라고 하는데, 튀어나온 쪽의 팔은 안쪽으로 틀어져 있을 가능성이 높습니다. 팔을 제대로 쓸 수 있게 되면 앞으로 깊이 숙이는 데 큰 도움이 됩니다.

비틀기와 몸통의 연결 방법

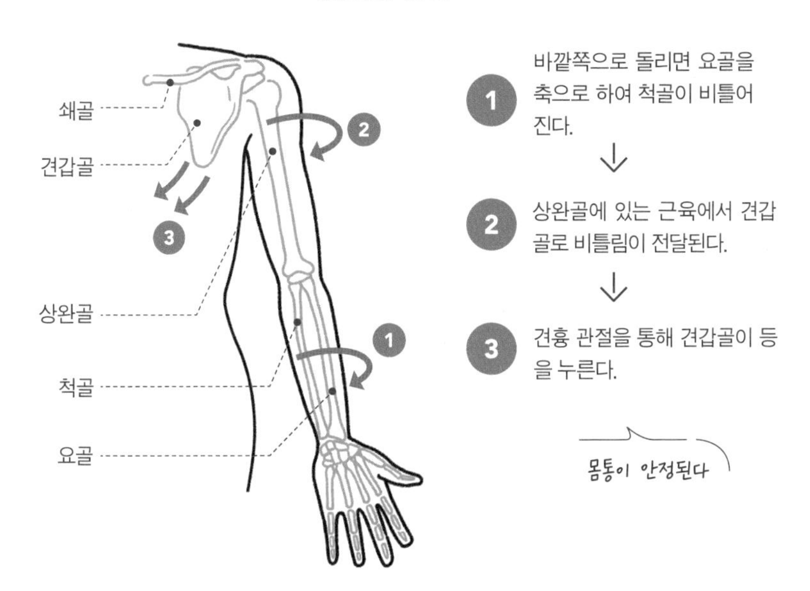

스파이럴 트위스트 [내전근 스트레칭 버전]

내전근을 늘려서 앞으로 숙일 때 사용되는 부위를 한꺼번에 바로잡는 발레 스트레칭.
몸을 숙일 때는 허리로 누르는 느낌으로 숙이면 고관절이 돌아가서 숙이는 힘이 커집니다.

이럴 때도 좋아요! ▶ 몸통 강화 / 뻣뻣한 어깨와 등 / 뻣뻣한 고관절

STEP **1**

의자에 앉아
두 다리를 벌린 자세로
스파이럴을 실시한다.

STEP **2**

팔을 옆으로 돌려서 배꼽 위쪽
몸통을 비틀어준다.
비트는 정도는 걸리는 느낌이
드는 지점까지.
(아플 정도로 비틀면 안 된다)

(POINT)

STEP **3**에서 숨을 들이마시면서 팔을 굽혔다가 내쉬면서 동시에 펴면 호흡 보조근이 자극되어 몸통을 더욱 크게 비틀 수 있게 된다. 여러 번 반복해서 더 못 비틀 때까지 최대한 비틀어주면 스트레칭 효과가 더욱 커진다.

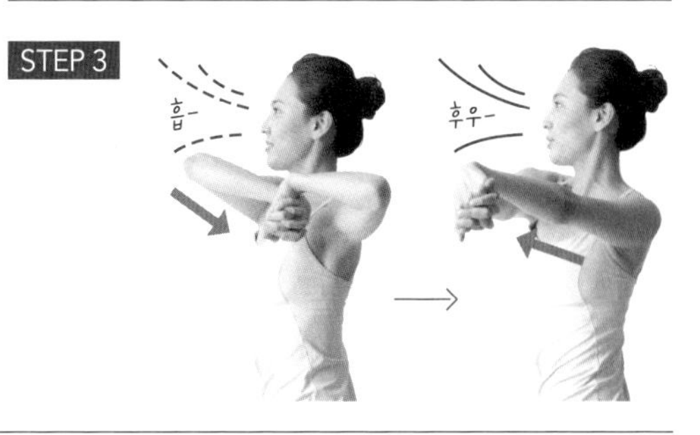

목표 **1** 세트
(손을 바꿔서 반대쪽도 똑같이 해준다)

STEP **3**

팔을 몇 번 굽혔다 폈다를 반복하며 어깨와 등을 늘린다.

(이렇게 하면 처음보다 몸을 더욱 깊게 비틀 수 있게 된다)

STEP **4**

늘린 양손 방향으로 얼굴을 돌려서 최대한 비틀어준다.

(POINT)

STEP 5는 몸을 힘없이 축 처지게 구부리는 것이 아니라 등을 늘린 채로 허리로 팔을 앞쪽으로 누르는 이미지를 그리면서 하면 고관절이 확실하게 굽혀져서 앞으로 숙이는 힘이 높아집니다. STEP 6은 호흡을 함께 해주면 속근육도 풀려서 늘어나는 힘이 높아집니다.

STEP
5 왼쪽 다리 바깥쪽에 손목을 대고 팔을 허리로 누르면서 고관절 쪽에서 무릎 쪽으로 미끄러뜨린다.

STEP
6 팔을 최대한 누른 지점에서 멈추고 팔을 고관절 쪽으로 되돌린다.
다시 한 번 무릎 쪽으로 미끄러뜨린다.
이 동작을 여러 번 반복하면
등이 스트레칭되어 자연스럽게 앞으로 많이 숙일 수 있다.(위 POINT도 참조)

(HARD)

익숙해지면 효과가 높아지는 상급편에 도전해봅니다. 어렵지 않아요. STEP 1에서 의자에 앉은 다리를 쭉 뻗어서 벌린 상태에서 시작하는 것뿐입니다. 방법은 간단하지만, 장요근 자극을 비롯해 모든 동작의 강도가 높아지는 것을 느낄 수 있습니다.

| SIDE |

어깨를 돌리는 동안 시선은
늘리고 있는 쪽 손 방향을 향한다.

STEP

7

몸을 최대한 숙인 지점에서
왼손으로 어깻죽지를 누르면서
어깨를 빙글빙글 돌린다.

스파이럴 트위스트 [발레 5번 발 포지션]

발레의 '5번 발 포지션'을 한 채로 몸을 비틀어줍니다.
교차한 다리 각도는 너무 무리하지 말고, 몸이 유연해지면 조금씩 크게 합니다.

이럴 때도 좋아요! ▶ 몸통 강화 / 뻣뻣한 고관절 / 발레 동작 개선

앞다리의 뒤꿈치에 뒷다리의 발가락을 붙인다. 발가락이 어려운 사람은 일단 옆으로 붙이면 OK.

STEP **1** 발가락을 바깥쪽으로 향하고 두 다리를 교차시킨다.

STEP **2** 그 자세에서 스파이럴 앞으로 숙이기 [레벨 2]의 STEP **1**~**3**까지 실시한다.

(POINT)

교차시킨 다리 중 어느 쪽이 앞쪽인지에 따라 스파이럴의 손과 몸을 비트는 방향이 정해집니다. 오른쪽 다리가 앞이라면 스파이럴은 왼손을 위로 하고 몸은 오른쪽으로 비틀어야 합니다. 왼쪽 다리가 앞이라면 스파이럴은 오른손을 위로 하고 몸은 왼쪽으로 비틀면 됩니다.

목표 STEP 3→4를 3회 반복 × 1세트
(손과 다리를 바꿔서 반대편도 똑같이 해준다)

STEP **3** 숨을 크게 내쉬면서 두 손을 오른쪽으로 늘려서 몸을 비틀어준다.

STEP **4** 팔을 굽혀 두 손을 끌어당기면서 다리도 함께 굽힌다. 숨을 크게 들이마시고 충분히 들이마신 다음, 다리를 펴고 STEP 3으로 돌아간다.

복압을 유지하여

활처럼 부드럽게 몸을 뒤로 젖히고 싶다

몸을 유연하게 뒤로 젖히는 동작은 발레에서 뒤 캉브레cambré derrière라고 하는, 가장 눈길을 끄는 동작 가운데 하나입니다. 허리의 유연성은 물론이고, 무게중심의 사용법이나, 몸의 신전 등 다양한 포인트가 있어 지금까지 본 자세 중 가장 난이도가 높은 자세입니다. 하지만 지금까지 유연 발레 스트레칭을 꾸준히 해온 당신이라면 충분히 준비가 되어 있을 것입니다. 이 동작을 잘 익히면 발레 자세도 훨씬 아름다워지고 어깨 결림이나 허리 통증 같은 소소한 트러블도 개선될 수 있습니다.

\ 이런 분에게도 강추! /

- ☐ 발레 동작을 아름답게 하고 싶다
- ☐ 허리의 뻣뻣함을 없애고 싶다
- ☐ 어깨 결림, 허리 통증을 예방하고 싶다

도전!

올바른 방식으로 CHECK!
무리하지 않고 어디까지 할 수 있을까?

CHECK 1

똑바로 서서
허벅지 윗부분을
앞으로 밀어낸다

CHECK 2

팔을 올리고
배와 가슴을
들어 올린다

몸을 얼마나 뒤로 젖힐 수 있는지,
CHECK ①~④의 순서로 셀프 체크합니다.
어디가 힘든 곳인지 알아내어 발레 스트레칭으로
개선 포인트를 바로잡아봅니다.

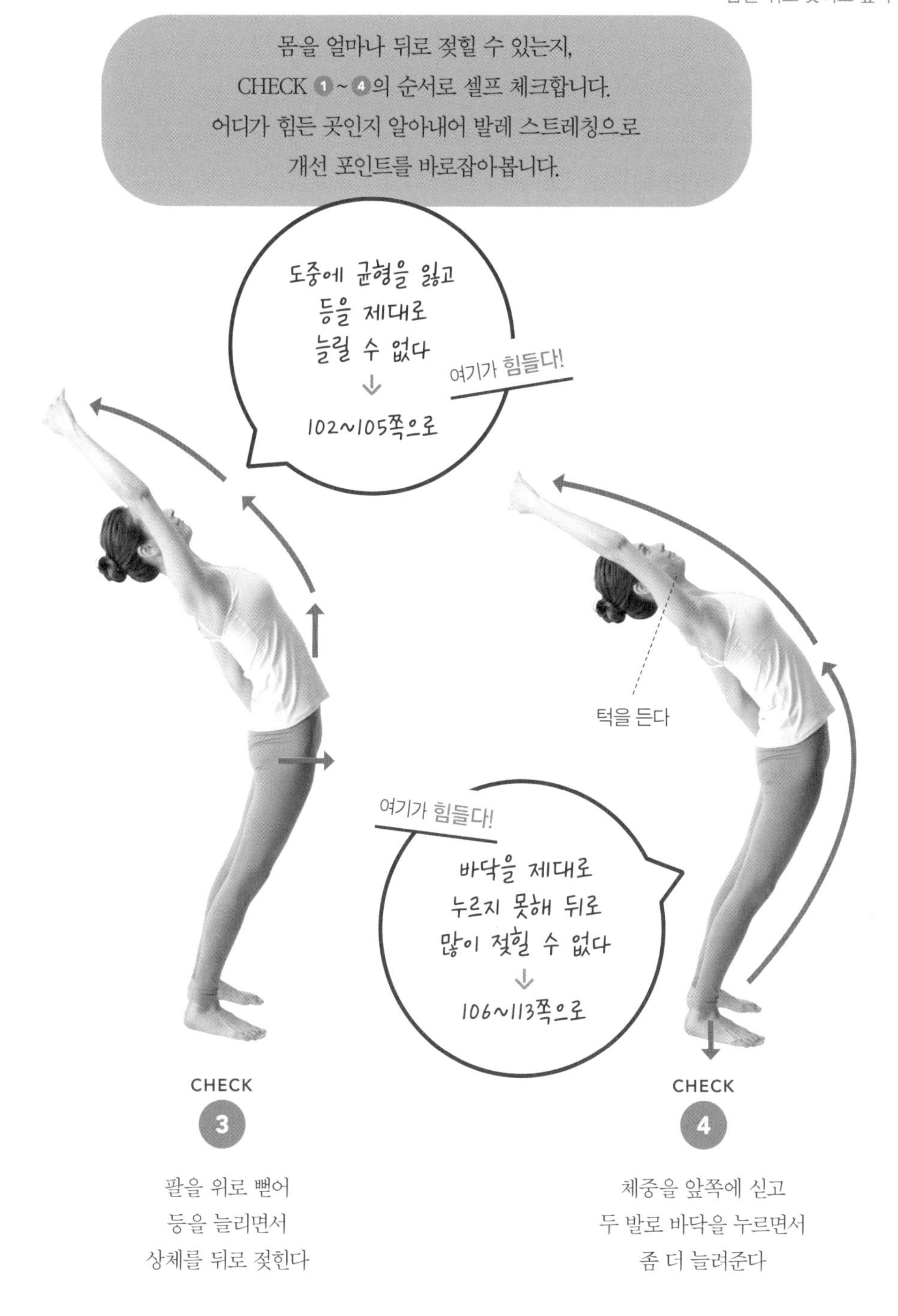

CHECK 3

팔을 위로 뻗어
등을 늘리면서
상체를 뒤로 젖힌다

CHECK 4

체중을 앞쪽에 싣고
두 발로 바닥을 누르면서
좀 더 늘려준다

골반을 축으로 한다!

유연하게 뒤로 젖히기 위한 포인트

안전한 뒤로 젖히기를 위한 첫 단계

골반을 축으로 하면 몸을 휘게 하는 힘이 생긴다

뒤로 젖히기(뒤 캉브레) 자세를 떠올리면 몸을 뒤로 젖힌다는 이미지가 강하지만, 그냥 뒤로 젖히려고 하면 허리와 목에 무리가 갈 수 있습니다. 골반을 밀어내어 무게중심을 앞으로 이동시키고, 동시에 팔을 뒤로 뻗으면서 상체를 뒤로 늘리는 것이 중요합니다. 앞뒤로 서로 잡아당김으로써 흉추에 공간이 생겨나서 등이 쭉 늘어나기 쉬워지는 것입니다. 또한 몸을 위아래로 늘리기 위해서는 바닥을 누르는 힘도 중요합니다. 순서대로 마스터해봅니다.

등을 젖힐 때는 팔을 뒤로 늘려서 서포트한다

갑자기 몸을 뒤로 젖히는 것은 상당히 어려운 일이므로, 99쪽에서 설명한 것처럼 먼저 '엎드려서 뒤로 젖히기'를 할 수 있게 되는 것이 첫 번째 단계입니다. 이를 위한 스트레칭을 하여 이 자세를 할 수 있게 된 다음에 선 자세에서 뒤로 젖히기를 하는 식으로, 안전하게 자세를 심화시켜나갑니다.

첫 번째는 '팔을 똑바로 뒤로 늘리는 동작'입니다. 팔을 뒤로 늘리는 동작은 몸을 뒤로 젖힐 때 몸을 더 쉽게 젖힐 수 있도록 도와줍니다. 즉, 몸을 젖힐 수 있는 방향

output 백 트위스트 방법

STEP **1** 의자에 앉아 다리를 앞뒤로 벌리고 두 손을 등 뒤에서 깍지 끼고 늘려준다.

STEP **2** 손은 깍지를 낀 채 팔을 굽히면서 옆을 바라본다.

을 안내해주는 것입니다. 여기서 소개하는 '백 트위스트'라는 스트레칭은 팔을 늘리고 비틀어서 몸을 더 쉽게 젖힐 수 있도록 도와주고, 등의 가동성을 높여주는 스트레칭입니다.

팔을 뒤로 늘려주면 늘려준 만큼 뒤로 젖힐 수 있는 범위가 넓어집니다. 뒤로 늘리고 있는 쪽 다리로 바닥을 꽉 누른다는 의식을 가지면 등을 더욱 많이 젖힐 수 있게 됩니다.

목표 **3회** (다리를 바꿔서 반대편도 똑같이 해준다)

STEP **3** 뒷다리 쪽(사진은 왼쪽 다리)을 향해 팔을 늘린다.

STEP **4** STEP **2** → **3**을 반복하여 등을 더욱 많이 늘리고 크게 비틀어준다.

복압을 유지하면 몸통이 안정된다

몸을 뒤로 젖히는 동작도 앞으로 숙이는 동작과 마찬가지로 **몸통의 힘이 중요한 역할을 합니다.**

왜냐하면 몸을 뒤로 젖힐 때 횡격막이나 복횡근, 골반기저근, 다열근 등의 속근육을 제대로 사용하고 있으면, 마치 코르셋으로 지탱되는 것처럼 몸이 안정감을 느낄 수 있기 때문입니다.

여기서 핵심이 되는 것은 횡격막 아래에서 발생하는 압력, 즉 **복압**(복강내압)입니다. 복압이 유지되면 흉요부의 전단력(剪斷力, 물체 안의 어떤 면에 크기가 같고 방향이 서로 반대가 되도록 면을 따라 평행되게 작용하는 힘.–옮긴이)이 줄어들기 때문에 흉요부가 안정되어 등을 안정적으로 사용할 수 있게 됩니다. 그 결과 등을 많이 젖힐 수 있는 것입니다.

반대로 배에 힘이 빠지면 허리에 압력이 집중되어 통증을 유발하는 원인이 됩니다. 속근육은 호흡을 통해 더욱 협력하여 움직이기 때문에 **복압을 유지하기 위해서는 호흡이 아주 중요합니다.** 동작을 취하면서도 안정적인 호흡을 유지하면 몸의 안정감이 더욱 높아지고, 자세를 유지하기도 쉬워집니다.

'몸통의 코르셋 힘'은 복압이 열쇠

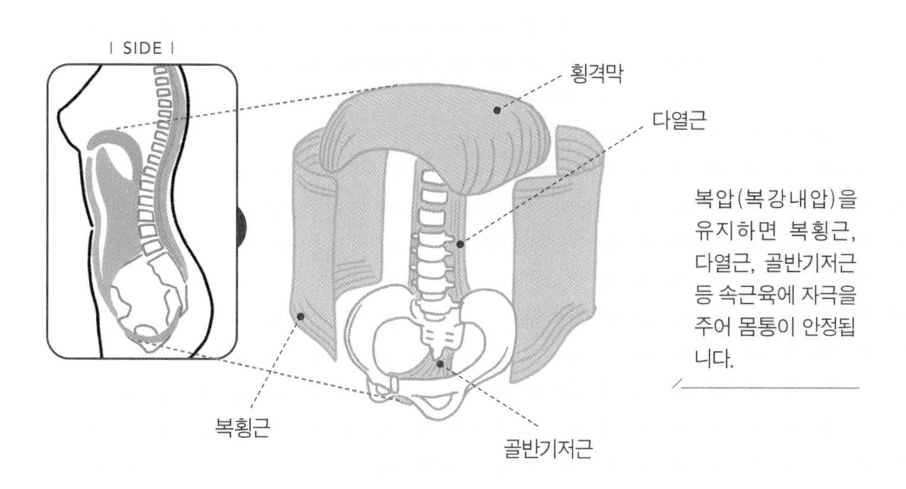

복압(복강내압)을 유지하면 복횡근, 다열근, 골반기저근 등 속근육에 자극을 주어 몸통이 안정됩니다.

몸통이 바로잡히지 않으면 복압도 불안정해진다

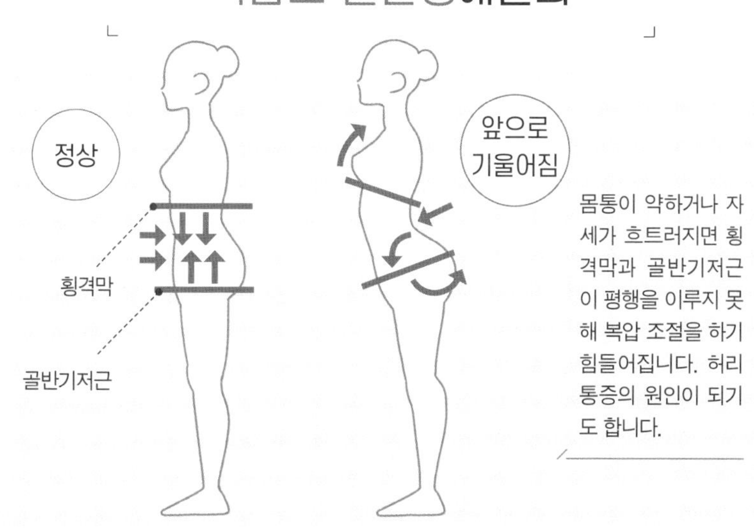

몸통이 약하거나 자세가 흐트러지면 횡격막과 골반기저근이 평행을 이루지 못해 복압 조절을 하기 힘들어집니다. 허리 통증의 원인이 되기도 합니다.

흉추를 풀어주면 등을 더 많이 젖힐 수 있다

서 있는 상태에서 갑자기 몸을 뒤로 젖히려고 하면 가장 먼저 움직이는 것은 목과 허리입니다. 그러면 넘어져서 머리를 부딪히지 않으려는 몸의 방어 기제가 작동하여 견갑골 주변의 근육이 수축하게 됩니다. 이렇게 되면 흉추가 움직이기 어려워져 뒤로 많이 젖힐 수 없습니다. 이를 예방하기 위해서는 **흉추의 유연성을 높여서 등 전체를 사용할 수 있도록** 하는 것이 중요합니다.

오른쪽 페이지에서 소개하는 '흉추 스트레칭'은 팔꿈치를 지렛대로 삼아서 누구나 쉽게 가슴을 젖힐 수 있게 해주는 동작입니다. 자세를 유지하면서 심호흡을 하면 흉추가 더욱 자극을 받아 유연성 향상에 도움이 됩니다.

또한, **머리의 위치는 흉추와 등을 젖히는 데도 영향을 미치므로 턱을 들지 않고 숨을 들이마셔야 합니다.** 턱을 드는 것보다 가슴을 젖히는 편이 배에 공기가 잘 모이게 되며, 호흡 보조 근육이 자극되어 흉추의 움직임도 좋아집니다.

output

흉추 스트레칭하기

어깨가 올라가지 않게

손목을 바깥쪽으로 돌려서
손바닥이 위를 보게 한다.

팔꿈치 각도는
90° 정도

STEP 1

등을 쭉 펴고 의자에 앉아서
팔을 굽혀 등받이에
가볍게 닿게 한다.

흡~

턱은 그대로 두고
등을 뒤로 젖히는 것을
의식한다

STEP 2

팔꿈치를 지렛대 삼아 등받이를
지그시 누르면 가슴이 앞으로
나오므로, 그대로 등을 젖히고
심호흡을 한다.

목표 천천히 심호흡 × **5**회

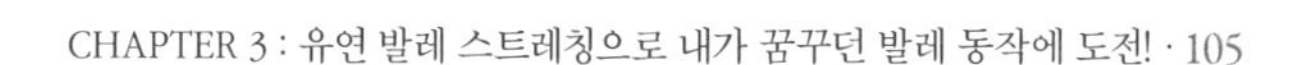

지면을 누르는 힘으로 몸을 위아래로 길게 늘려준다

몸을 뒤로 젖혀서 유지할 때는 **몸을 위아래로 늘리는 힘도 매우 중요합니다.** 발레에서는 팔을 이용해 몸과 다리를 늘리는 방향을 유도합니다.

예를 들어 발끝으로 업을 설 때 앙 바(En bas, 팔을 아래로 내린 상태)에서 하는 것과 앙 오(En haut, 손을 위로 뻗은 상태)에서 하는 것 중 어느 쪽이 더 위로 늘리기 쉬울까요? 비교해보면 앙 오를 한 상태에서 몸이 더 가볍게 올라가는 것을 알 수 있을 것입니다. 그것은 팔꿈치부터 위쪽이 위로 늘어난 만큼 몸을 위아래로 늘리는 데 도움을 주기 때문입니다. 이것을 뒤로 젖히기에 대입하면 **상체를 젖히면서 위아래로 늘려주는 힘**이 열쇠가 됩니다. 이 힘이 약하면 목을 지탱할 수 없어 몸이 '위험하다'고 판단하여 브레이크를 걸어버리기 때문에 등의 힘을 제대로 쓸 수 없습니다.

또한 몸을 위아래로 늘리기 위해서는 **'바닥을 누르는'** 힘도 매우 중요합니다. 발로 바닥을 밀면서 팔을 뒤로 늘리면 몸이 더욱 위아래로 늘어나서 척추의 가동성이 높아집니다. 그럼으로써 뒤로 더 많이 젖힐 수 있게 됩니다.

해보자!
의자에 앉아 뒤로 젖히기

뒤로 뻗은 다리에 체중을 싣고 몸을 젖히면 쉽게 할 수 있습니다. 두 다리의 폭이 넓어지면 안정감이 높아지므로 뒤쪽으로 늘리는 힘도 커집니다.

옆구리 늘려서 횡격막 스트레칭

옆구리를 늘린 자세로 횡격막 스트레칭(→ 34쪽)을 하는 변형 버전.
스트레칭으로 견갑골을 단련하면서 심호흡으로 몸 안쪽부터 유연성을 높입니다.

이럴 때도 좋아요! ▶ 뻣뻣한 어깨와 허리 / 호흡의 힘 높이기 / 허리 통증 예방

STEP 1 다리를 어깨너비로 벌리고 똑바로 서서 스파이럴(→ 26쪽)을 한 다음, 두 손을 위로 뻗는다.

STEP 2 손을 위로 뻗은 상태에서 두 팔 사이에 머리를 넣고 몸을 옆으로 굽힌다.

(POINT)

STEP **2**에서 골반의 높이를 유지한 채 상체를 옆으로 굽히다보면, 도중에 힘들다는 느낌이 드는 지점이 있습니다. 그 지점에서 다시 팔을 굽혔다 폈다 폈다 해줍니다. 견갑골이 움직여서 등 위쪽이 더 잘 굽혀지게 되며, 그러면 옆구리를 조금 더 늘릴 수 있게 됩니다.

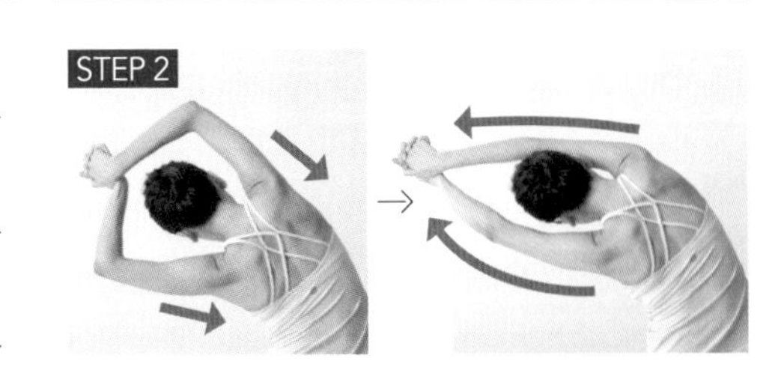

목표 천천히 호흡 **5**회 × **2** 세트
(손을 바꿔서 반대편도 똑같이 한다)

호흡
POINT

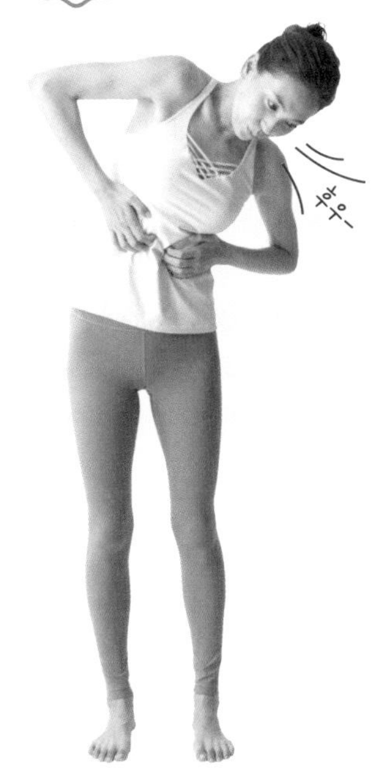

STEP **3** 몸을 옆으로 굽힌 자세로 횡격막 스트레칭(→ 34쪽)을 하는 방법으로 크게 숨을 내쉰다.

STEP **4** 마찬가지로 횡격막 스트레칭을 하는 방법으로 크게 숨을 들이마신다.

스파이럴 트위스트 스트레칭

지금까지 소개한 발레 스트레칭의 총결산이라고 할 수 있는 스트레칭입니다.
비틀기, 늘리기, 호흡을 조합하여 최고의 유연성을 목표로 해봅니다.

이럴 때도 좋아요! ▶ 몸통 강화 / 호흡의 힘 높이기 / 뻣뻣한 어깨와 등 / 뻣뻣한 고관절

스파이럴 앞으로 숙이기 [레벨 2] 방법은 58쪽 참조.

다리 위치는 스파이럴 트위스트 [발레 발 5번 포지션] (→ 92쪽)과 같다.

STEP **1** 발끝을 바깥쪽으로 향하게 하여 두 다리를 교차시킨 자세에서 스파이럴 앞으로 숙이기 [레벨 2]의 STEP **1**~**3**을 실시한다.

STEP **2** 두 손을 깍지 낀 채로 팔을 위로 뻗는다.

(POINT)

단계가 많고 '비틀기', '펴기', '호흡'에도 요령이 있어서 기억하기 조금 어려울 수 있지만, 그만큼 몸통 강화와 가동 범위 확대에 커다란 효과가 있는 스트레칭입니다. 호흡은, 움직일 때 숨을 내쉬고 멈출 때 숨을 들이마시는 식으로 해줍니다.

스파이럴 트위스트 스트레칭 순서

1 → 2 → 3 ⇄ 4
5 ⇄ 6 → 7 ⇄ 8

목표 **5회** × **1**세트 (손과 다리를 바꿔서 반대편도 같은 방법으로)

STEP **3**

숨을 깊게 내쉬면서 팔과 다리를 함께 굽힌다. ❶
힘들어지면 멈춘다. 그 자세를 유지한 채 숨을 들이마신다. ❷

STEP **4**

숨을 깊게 내쉬면서 팔과 다리를 함께 늘려준다. ❶ 끝까지 늘렸다면 그 자세를 유지한 채로 숨을 들이마시고 STEP 3으로 돌아간다. ❷ (2회 반복한다)

STEP
5
숨을 깊게 내쉬면서 두 손을 오른쪽으로 늘리면서 몸을 비틀어준다. ❶ 힘들다는 생각이 드는 지점에서 멈춘다. 그 자세를 유지한 채로 숨을 들이마신다. ❷

STEP
6
숨을 깊게 내쉬면서 팔을 굽혀 두 손을 끌어당기고 다리도 굽힌다. ❶ 더 이상 다리를 굽히기 힘든 지점에서 멈춘다. 그 자세를 유지한 채 숨을 들이마시고 STEP **5**로 돌아간다. ❷

(EASY)

너무 어렵다면 쉬운 버전부터 시작해봅니다. STEP **1~4**까지의 동작을 다리를 교차시키지 않고 실시합니다. 익숙해지면 STEP **3~4**의 호흡도 함께 하는 동작에 도전해봅니다.

STEP
7
몸을 옆으로 비틀고
숨을 깊게 내쉬면서 팔꿈치를
들어 올린다. ❶
팔꿈치를 완전히 올렸다면,
그 자세를 유지한 채 숨을
들이마신다. ❷

STEP
8
숨을 깊게 내쉬면서 팔과 다리를
함께 굽힌다. ❶ 힘든 지점에서 멈
춘다. 그 자세를 유지한 채
숨을 들이마시고 STEP **7**로
돌아간다. ❷ (2회 반복)

일상의 불편함부터
발레 동작 고민까지!

발레 스트레칭 처방전

발레 스트레칭의 장점은 뻐근한 몸을 풀어주고 뻣뻣한 몸을 유연하게 할 뿐만 아니라 자세 교정 효과도 얻을 수 있다는 점입니다.
목과 어깨의 결림, 고관절의 뻣뻣함을 개선하고 싶은 사람부터 더욱 아름답고 정확한 발레 동작을 꿈꾸는 사람까지, 고민에 따른 발레 스트레칭의 베스트 조합을 소개합니다.

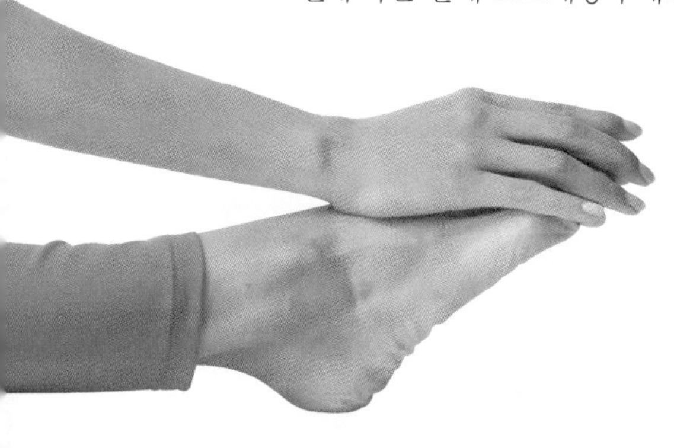

목과 어깨의 고민

목과 어깨의 결림을 풀어주고 싶다면

목과 어깨가 뻐근하다면 굳어 있는 가슴과 등 근육을 비틀고 늘려주는 것이 좋아지는 첫걸음입니다.

스파이럴 앞으로 숙이기 [레벨 1]

P. 28

↓

수건으로 어깨와 등 스트레칭

P. 54

→

스파이럴 벤드

P. 62

앞으로 굽은 어깨를 펴고 싶다면 / 어깨 높이가 좌우가 다르다면

차이를 유발하는 등과 어깨 주변을 집중 케어합니다.
굳어 있는 가슴 근육도 늘려줍니다.

스파이럴 앞으로 숙이기 [레벨 1 하드 모드]
P. 76

흉추 스트레칭
P. 105

옆구리 늘려서 횡격막 스트레칭
P. 108

스파이럴 앞으로 숙이기 [레벨 2]
P. 58

몸통 관련 고민

아름다운 자세를 만들고 싶다면

척추를 늘리고 비틀어서 틀어짐을 해소합니다. 틀어진 골반도 함께 바로잡습니다.

백 트위스트
P. 100

↓

비틀어서 횡격막 스트레칭
P. 78

→

스파이럴 트위스트
P. 30

몸통을 바로잡고 싶다면

축을 안정시키는 데 필요한 속근육을 집중적으로 튜닝합니다.

횡격막 스트레칭
P. 34

의자에 앉아 뒤로 젖히기
P. 107

스파이럴 트위스트 [내전근 스트레칭 버전]
P. 88

스파이럴 트위스트 스트레칭
P. 110

허리 관련 고민

고관절을 유연하게 하고 싶다면

발레에서 동작을 매끈하게 하는 데 필수적인 장요근을 자극합니다. 호흡 보조 근육도 튜닝합니다.

스파이럴 트위스트 [내전근 스트레칭 버전]
P. 88

뻣뻣한 허리나 뒤로 젖혀진 허리를 바로잡고 싶다면

결림과 통증을 유발하는 요추 주변을 굽히고 늘려서 교정하고 혈액순환을 촉진합니다.

스파이럴 앞으로 숙이기 [레벨 1]
P. 28

↙

비틀어서 횡격막 스트레칭
P. 78

→

스파이럴 앞으로 숙이기 [레벨 2]
P. 58

다리 고민

허벅지 뒤쪽(햄스트링)을 유연하게 만들고 싶다면

어깨와 등을 풀어줌으로써 뻣뻣함을 유발하는 골반의 틀어짐을 바로잡습니다.

스파이럴 앞으로 숙이기 [레벨 1]

P. 28

→

스파이럴 앞으로 숙이기 [레벨 2]

P. 58

↙

스파이럴 트위스트 [내전근 스트레칭 버전]

P. 88

→

다리 굽히고 앞으로 숙이기

P. 80

수면 관련 고민

푹 자고 싶다면 / 상쾌하게 일어나고 싶다면

잠들기 전에는 심호흡으로 긴장을 풀어줍니다.
아침에 일어날 때는 옆구리 운동으로 알람을 대신합니다.

횡격막 스트레칭
P. 34

비틀어서 횡격막 스트레칭
P. 78

→

옆구리 늘려서 횡격막 스트레칭
P. 108

발레 관련 고민 (1)

턴 아웃(4번, 5번 자세)을 잘하고 싶다면

고관절에 브레이크가 걸리지 않도록 안정감을 높이는 스트레칭을 집중적으로 해줍니다.

횡격막 스트레칭
P. 34

흉추 스트레칭
P. 105

스파이럴 트위스트
P. 30

스파이럴 트위스트 [발레 발 5번 포지션]
P. 92

수건으로 어깨와 등 스트레칭
P. 54

발레 관련 고민 (2)

를르베relevé를 잘 서고 싶다면

비틀기와 늘리기로 어깨와 등을 단련하여 발끝으로 서 있어도 흔들리지 않는 안정감을 키워줍니다.

스파이럴 앞으로 숙이기 [레벨 2]
P. 58

→

스파이럴 트위스트 [발레 발 5번 포지션]
P. 92

↙

스파이럴 앞으로 숙이기 [레벨 1 하드 모드]
P. 76

→

옆구리 늘려서 횡격막 스트레칭
P. 108

발레 관련 고민 (3)

아라베스크를 할 때 등을 세우기 힘들다면

자세에 관여하는 속근육과 겉근육을 모두 강화하여 흔들리지 않는 축을 만들어줍니다.

비틀어서 횡격막 스트레칭
P. 78

스파이럴 트위스트 [내전근 스트레칭 버전]
P. 88

→

스파이럴 앞으로 숙이기 [레벨 2]
P. 58

발레 관련 고민 (4)

캉브레를 잘하고 싶다면

'비틀기', '늘리기', '호흡'을 연동시킨 동작을 기억하여 몸통을 잘 쓸 수 있게 합니다.

스파이럴 앞으로 숙이기 [레벨 1 하드 모드]

P. 76

→

스파이럴 트위스트 [내전근 스트레칭 버전]

P. 88

↙

비틀어서 횡격막 스트레칭

P. 78

→

스파이럴 앞으로 숙이기 [레벨 2]

P. 58

옆
캉브레
앞
캉브레
옆구리 늘려서 횡격막 스트레칭
P. 108
스파이럴 벤드
P. 62
뒤
캉브레
의자에 앉아 뒤로 젖히기
P. 107
스파이럴 트위스트 스트레칭
P. 110

발레 스트레칭

지은이_ 시마다 사토시
옮긴이_ 위정훈
감수자_ 한지영
펴낸이_ 양명기
펴낸곳_ 도서출판 -북피움-

초판 1쇄 발행_ 2024년 7월 4일

등록_ 2020년 12월 21일 (제2020-000251호)
주소_ 경기도 고양시 덕양구 충장로 118-30 (219동 1405호)
전화_ 02-722-8667
팩스_ 0504-209-7168
이메일_ bookpium@daum.net

ISBN 979-11-974043-9-9 (03680)

- 잘못 만들어진 책은 바꾸어 드립니다.
- 값은 뒤표지에 있습니다.